Citoyenneté active et paix pour une Guinée prospère

Essai

Zalikatou DIALLO

Citoyenneté active et paix pour une Guinée prospère

Essai

Préface de Lamine KAMARA

L'Harmattan
Guinée

Même auteure

Le jour où nous fumes excisées. Stoppons les mutilations génitales féminines, éditions Mamou, 2024.
Femmes de Guinée. Osons et ôtons les œillères, l'Harmattan Guinée, 2022.

L'Harmattan 2025
5-7, rue de l'École-Polytechnique, 75005 Paris

http://www.editions-harmattan.fr

ISBN : 978-2-336-52114-5
EAN : 9782336521145

« La Guinée avant tout,
au-dessus de tout,
pour le bien-être de tous ! »

SOMMAIRE

DÉDICACE

À tous nos martyrs et aux Guinéens épris de paix durable, de justice, de démocratie et de développement socio-économique de notre pays.

Remerciements

Je tiens au prime à bord, à témoigner ma profonde gratitude à mes parents, Elhadj Alpha Amadou DIALLO et Mme Diallo Bernadette DEJEAN, pour non seulement leurs conseils avisés durant la rédaction de cet ouvrage, mais aussi pour mon éducation. Mes vifs remerciements à mon cher époux, l'ancien ministre et Ambassadeur, SEM Mamady TRAORÉ pour la constante sollicitude.

Toute ma gratitude au ministre Lamine Kamara (Capi), écrivain et homme politique, pour son soutien inestimable à travers une précieuse contribution dans la rédaction de cet essai, mais aussi, son amabilité d'en assurer la préface.

La concrétisation de cet ouvrage n'aurait pas été effective sans le concours de Monsieur Bakary Saraya DIABY, de mon frère Alimou DIALLO et de Monsieur Alassane CISSÉ à Dakar. Qu'ils en soient vivement remerciés.

Merci également à mes frères et sœurs, à ma famille de Mamou, de Porédaka, de Forécariah, à ma belle-famille de Saraya, de Balia dans Kouroussa, pour leurs différentes contributions. La famille de Port-au-Prince, les belles-familles TRAORÉ, CISSÉ, SYLLA, BALDÉ, GOMEZ, DIOP, MANSARÉ, KABIMBA-GORRA, CAMARA, TOURÉ, KOUROUMA et autres ne sont pas oubliées pour leur soutien constant.

Merci et que le Dieu Tout-puissant bénisse abondamment mes enfants et petits-enfants, Moustapha TRAORÉ, Aissatou TOURÉ, Mamady Rian TRAORÉ,

Kadiatou TRAORÉ, Mariame Nènè TRAORÉ, Steven KABINDA-GORRA, Aaron Jélani KABINDA-GORRA, Zalikatou KABINDA-GORRA, Alpha Amadou TRAORÉ, Amadou Famako TRAORÉ, Saran TRAORÉ, Amadou Famako CAMARA ; mes neveux et nièces, CISSÉ, SYLLA, BALDÉ, BAH, GOMEZ, MANSARÉ, TRAORÉ, DIALLO, et autres pour leurs précieux conseils.

Merci infiniment à mes frères et sœurs : Dre Aissatou DIALLO, M. Mory CISSÉ, Dre Aminata DIALLO, M. Mohamed Ben SYLLA, Michèle DIALLO, M. Habib BAH, Feu Youssouf BALDÉ (Papa You), Thierno Mamadou Bailo DIALLO, Mm. Houssainatou DIALLO, Andrée DIALLO, M. Jean Joseph GOMEZ, Kadiatou DIALLO, M. Jean Bernard MANSARÉ, Joseph DIALLO, Mm. Diallo Marie Louise GOMEZ, Abdoulaye DIALLO, Mm. Diallo Kouni CAMARA, sans oublier nos sœurs : Fatoumata Djouldé DIOP et Feue Antoinette THEA, pour leur concours sans lequel ce travail aurait un goût d'inachevé.

J'en profite pour rendre hommage et mes vifs remerciements à ma famille politique, ma famille du monde sportif, mes anciens collègues députés de Guinée et du Parlement panafricain, mes chers sœurs et frères compagnons de lutte dans le cadre de la défense des droits des femmes et des personnes vulnérables, notamment : la COFEPAD-GUINÉE, LE REFAMP, AWLN-Chapitre Guinée, La LGP, les FOFPAG (8e et 9e Législatures), toutes les associations féminines de Guinée, nos partenaires techniques et financiers et autres pour le soutien et la franche collaboration ; de même que tous ceux qui près ou de loin ont participé à la réalisation de cet ouvrage.

« L'Afrique n'a pas besoin d'hommes forts,
mais de fortes institutions »
Barack OBAMA
(ancien président des États-Unis d'Amérique)

PRÉFACE

Du simple fait d'habiter la même portion de terre, celle de nos aïeux, les Guinéens sont condamnés à vivre ensemble dans l'harmonie. Fondus au sein d'une même nation, un destin commun les « boussoles ». À tout jamais, à chaque instant chaque citoyen doit se sentir en sécurité dans une union sacrée et contribuer à générer la prospérité au bénéfice de tous. Voilà ce que nous révèle avec puissance le livre de Zalikatou. D'un mot, sa pensée profonde.

S'il y a un trait qui caractérise le plus les Guinéens, indépendamment de leurs conditions de vie, de leurs positions sociopolitiques, de leurs régions d'origine, c'est sans aucun doute l'aspiration à un changement positif. Pour ce faire, une mutation profonde parait indispensable à l'autrice ou l'auteure. En matière de langue française, ici en Guinée comme dans l'Hexagone, nous sommes à la croisée des chemins.

Pour Zalikatou, cette disposition d'esprit, cette conviction doit être celle de tous ses compatriotes guinéens, femmes et hommes, jeunes et vieux. En son for intérieur, c'est cette conviction qu'elle veut partager avec ses concitoyens en leur indiquant que c'est cela qui devrait s'inscrire dans la logique de l'amélioration de leur situation. Il s'agit de rendre possible et aisé l'accès aux services sociaux de base au nombre desquels elle cite prioritairement la santé, l'éducation, les infrastructures, les moyens modernes de transports urbains et interurbains. Elle trouve scandaleux qu'après plus de soixante années d'indépendance de notre pays que nos compatriotes soient obligés d'acheter des billets d'avion pour aller se faire soigner à grands frais au Sénégal, au Maroc ou encore en Tunisie. Il est vrai que Zalikatou est médecin de son État. Elle trouve irresponsable de notre part à tous, surtout nous qui avons dirigé le pays dans le passé ou qui le dirigeons aujourd'hui que le désert et la méditerranée continuent à être le cimetière de nos forces vives dont les bras et les cerveaux sont si indispensables à notre développement. Elle trouve inadmissible que le Syli national dispute tous ses matches à l'extérieur, de surcroit dans des pays devenus indépendants après le nôtre. Et cela, moyennant des paiements onéreux et laissant les supporteurs orphelins de victoires. Pour mémoire, l'historique Stade du 28 septembre qui peut se glorifier de plusieurs épopées a été le tout premier stade moderne de football bâti en Afrique de l'Ouest après la décolonisation. Sans faire plus les uns et les autres, on en est resté là…

Changer radicalement ces situations est parmi nos défis à relever. Même si des progrès ont été réalisés dans de nombreux domaines, de nombreux défis continuent à se dresser devant nous sur la voie du développement.

L'écrivain et grand chroniqueur, le regretté William Sassine, s'est posé dans une parution du Lynx, le célèbre hebdomadaire guinéen, la question de savoir : « Que faut-il faire pour promouvoir un développement rapide et harmonieux en Guinée ? Allons-nous commencer par changer les mentalités des compatriotes ou l'inverse en s'attaquant tout d'abord à l'économie avant d'amener les unes et les autres à comprendre les sens des choses, pourvu que chaque Guinéen intègre le fait que sans le respect des textes en vigueur et qu'en l'absence de quiétude sociale, de paix, aucun progrès n'est envisageable ? ''

Ce qui parait révoltant pour l'auteur de cet essai, comme pour bien de nos compatriotes, c'est l'écart abyssal existant entre le niveau de développement actuel de la Guinée, classée parmi les pays les plus pauvres de la planète et les énormes potentialités dont nous disposons. Le pays regorge d'innombrables ressources naturelles. Le pays est qualifié de scandale géologique. Première réserve mondiale de bauxite, il recèle dans son sous-sol les minerais les plus variés et en quantité. Simandou, le plus fabuleux gisement de fer au monde, bientôt en exploitation, est l'une des plus illustrations de cette richesse à nulle autre pareille dans un si petit pays.

Ce n'est donc pas pour rien qu'à travers ces lignes que Zalikatou, en sa qualité d'ancienne ministre, de vice-présidente de l'Assemblée nationale, de femme politique avisée doublée d'activiste de la société civile et de dirigeante de football, constate avec amertume que 65 ans après l'accession à la souveraineté nationale, la Guinée reste à la traine dans maints domaines. Comme hier, aussi étonnant que cela puisse paraitre, les problèmes, même les plus élémentaires demeurent entiers et pratiquement insolubles. Entre autres, n'est pas réjouissant le tableau peu reluisant de l'accès très limité à l'eau et à l'électricité, le niveau de l'éducation, le déficit d'infrastructures, l'insécurité recrudescente, les villes insalubres.

Comme si tout cela ne suffisait pas, cette situation se trouve aggravée par une instabilité politique qui sape les efforts et décourage du même coup les investisseurs locaux et étrangers.

Devant ce sombre paysage, Zalikatou tout comme l'écrivain William Sassine ne croit pas à la fatalité. Elle ne frappe que qui veut se laisser faire, la fatalité. Face à la situation du pays, l'auteure reste pleinement positive. C'est ce qu'il fallait. Dans son ouvrage elle ne se contente pas de poser des problèmes. Elle analyse leurs causes et inventorie les conséquences sur notre vie de tous les jours et plus loin sur le l'évolution sociopolitique et économique de la

Guinée. Elle ne manque pas de faire des propositions et surtout de se projeter dans le futur et avec elle la Guinée toute entière, ses femmes et ses hommes qu'elle emporte sur les ailes de son vocable puissant sans en perdre la couleur et la beauté. Elle veut que nous brillions telle une étoile, de tout son éclat au firmament de l'économie africaine et mondiale.

Nous le disons, Zalikatou reste optimiste. Elle pointe du doigt des approches de solutions pour des lendemains meilleurs.

Faut-il que tous les Guinéens sans exclusive en prennent conscience et surtout que chacun en ce qui le concerne s'engage à se dépasser en mettant au-dessus de tout, notre patrimoine commun, la Guinée. Pour peu que la volonté y soit, c'est bel et bien possible comme le pense et l'écrit Zalikatou.

Cet ouvrage apparait donc comme un bréviaire qui pourrait inspirer à la fois les dirigeants qui y sont interpellés et la génération montante qui tout à son avantage pourrait se saisir opportunément de la manne qu'il offre, manne qui provient essentiellement de la riche expérience de Zalikatou. En substance avec cœur, elle nous dit ceci, si chacun accomplit son devoir, le droit de tous sera garanti. La prise de conscience devant commencer au sein des familles pour aller jusqu'au sein des communautés où chacun de nous évolue. C'est uniquement dans ces conditions que vont émerger dans l'intérêt supérieur de tous, des institutions fortes, au détriment des hommes forts.

Lamine Kamara

Avant-propos

L'idée d'écrire ce livre a germé après moult réflexions concernant l'avenir de notre cher pays, la Guinée, qui est considéré, à juste raison, parmi les plus servis et favorisés par la nature, grâce à une remarquable générosité divine. À l'instar de bien d'autres analystes et observateurs, nonobstant ces faveurs, force est de constater que le niveau de développement économique demeure toujours nettement en deçà de nos attentes.

Pourquoi la République de Guinée avec une économie d'aplomb, tarde-t-elle de se matérialiser ? Un questionnement de fond auquel je m'efforce d'apporter une réponse avec bien d'autres également. Situation qui taraude, certes, les esprits, mais pas au point d'être une énigme. Ceci, dans la mesure où, le pays dispose de bien d'atouts pour que la prospérité de ses filles et fils soit de mise en toutes saisons ; mais malheureusement, la réalité tangible étant toute autre. L'étiologie : un certain nombre de situations malencontreuses que nous ne manquerons pas d'élucider dans cet ouvrage, de même que des pistes de solutions pour une thérapie efficace.

À travers cet essai, sans risque de me tromper sur les causes de la pérennisation de ce marasme économique, je pointe un doigt accusateur sur l'un des principaux coupables, qui n'est autre que l'instabilité politique et sociale chronique, qui n'a cessé d'empoisonner l'existence de notre nation depuis l'indépendance le 2 octobre 1958 à nos jours. En témoignent les différents épisodes que l'on pourrait qualifier par moment de violence de masse, qui affectent considérablement la paix et la cohésion sociale. De surcroît, de fréquentes violations des droits humains, consécutives à des contradictions tenaces entre les différents acteurs de la vie socio-politique du pays.

En plus, c'est avec une grande consternation que nous vivons la persistance de la préconisation des conditions de vie des populations, tant dans les zones urbaines que rurales. Selon les autorités, le taux de pauvreté touche un peu moins de la moitié des Guinéens avec 43 % qui vivent en dessous du seuil national, qui est estimé à 16.423 GNF par personne et par jour (1,6 euro) en 2020. Situation inadmissible dont je pense pouvoir, grâce à cet ouvrage, apporter ma modeste contribution pour trouver des solutions idoines nécessaires dans le cadre du combat contre ce fléau qui continue d'être une source de désespoir pour les Guinéens.

En outre, ayant été à la tête d'un département ministériel de mission, en l'occurrence celui de la Citoyenneté et de l'Unité nationale, également en charge des Droits de l'Homme, mes collaborateurs et moi, nourrissions la noble ambition de mener à bien le rôle confié à nous par l'autorité d'alors, le Président **Professeur Alpha CONDÉ**. Mission dont figurait en bonne place, la promotion et la consolidation d'un État de droit et d'une paix durable, conditions sine qua non de tout développement socio-économique véritable d'une nation. Nous n'avons nullement manqué de le réitérer lors de la **3e Conférence internationale sur le Droit au développement, dénommé « Dialogue Hernan Santa Cruz »**, tenue à Conakry le mardi 13 juillet 2021 sous le haut patronage du président de la République d'alors, le Professeur Alpha Condé. Bien entendu, en étroite collaboration avec le Haut-Commissariat des Nations-Unies aux Droits de l'Homme, le thème retenu de cette 3e édition était : « **la contribution**

au développement, aux Droits de l'Homme et au changement climatique ». Nous entendions également contribuer au bien-être des populations, promouvoir la participation citoyenne en accordant la priorité aux femmes, aux jeunes et aux personnes vulnérables. Contribuer aussi à la paix, à la sécurité et au renforcement de la République de Guinée au niveau des mécanismes des droits de l'homme, un leitmotiv qui figure perpétuellement dans nos ambitions.

Au même moment, un autre défi, pas des moindres, nous interpellait, notamment celui concernant l'amélioration du score de la Guinée, pour être éligible à l'époque au niveau du Millenium Challenge Corporation (MCC) des États-Unis d'Amérique. En collaboration avec le ministre Gabriel Curtis, qui était à la tête du ministère chargé des Investissements et du partenariat public-privé, nos deux départements œuvraient en parfaite synergie d'actions, dont le but était de répondre à ces critères. Performances qui auraient pu permettre à la Guinée d'engranger une importante manne financière de plusieurs centaines de millions de dollars en faveur de son développement socio-économique. Ceci, à l'instar de certains de pays de la Sous-région ouest-africaine qui en ont bénéficié même à deux reprises.

Aussi, suite à mes multiples voyages à travers le monde, en général et dans les pays africains (ayant accédé à la souveraineté nationale après nous) en particulier, mon constat a toujours été que ces derniers progressent considérablement. Faits qui ne cessent d'être pour moi et j'en suis sûre pour bien d'autres Guinéens, une dose supplémentaire de détermination et d'émulation saine, nous rendant davantage férus d'une Guinée aux antipodes du sous-développement. Étant entendu que, continuer à agir dans une telle dynamique, et à ma façon, me tente toujours, au bénéfice de notre pays. Toujours, dans le même ordre d'idées en tant que membre du Parlement panafricain durant sept ans, Présidente par intérim, à un moment donné, et rapporteuse de la Commission Santé, Travail et Affaires sociales, les occasions étaient toujours mises à profit pour passer au crible, en marge des sessions parlementaires au cours des conférences, ateliers, sessions de formation, forums et autres, le tableau de bord de l'état d'avancement de l'économie, de la santé et de l'éducation, le fait d'être à jour dans la fourniture des rapports périodiques des États membres de l'Union africaine, etc. Souvent, la situation peu reluisante des performances de la Guinée dans plusieurs domaines m'interpellait. Certains pays, pourtant indépendants bien après nous, affichaient des succès d'estime par rapport au nôtre, dont il n'était pas rare de le voir figurer parmi ceux qui faisaient pâle figure. Situation avilissante pour nous les Guinéens, à la limite révoltante, qui a également sous-tendu la rédaction de cet ouvrage, dans le but de contribuer à remédier dans les plus brefs délais à de pareilles contre-performances.

Une autre raison est la hantise ressentie de ne pas être à la traîne sur l'échiquier africain et international en termes d'atteintes des résultats escomptés aux horizons 2030, en ce qui concerne les 17 Objectifs de Développement Durable, ODD des Nations-Unies et 2063 avec l'Agenda de l'Union Africaine et ses 7 Aspirations. Il est évident que vaincre ce véritable challenge implique certes un dur labeur, mais est bien accessible grâce aux efforts conjugués de toutes et de tous, pour que cette triste réalité de la Guinée, pays sous-développé, cède à présent la place à un pays parmi ceux émergents, développés et surtout, influent sur la scène internationale. Pourquoi pas ? Car « **à cœur vaillant, rien n'est impossible** », dit-on souvent. Surtout si et seulement si, la volonté politique des dirigeants est au rendez-vous, étayée par la ferme volonté des Guinéens d'entrer dans une dynamique constructive beaucoup plus avantageuse pour notre pays. Il est également souhaitable pour y parvenir sans ambages, de voir l'écrasante majorité des Guinéens et Guinéennes, épouser davantage comme mode de conduite, les valeurs humaines avec une dynamique vertueuse, qui ne s'effritera plus jamais du respect, de l'amour pour la patrie, de l'amour envers autrui, de l'entraide, de la solidarité, de l'empathie, de l'honnêteté, de la responsabilité, de la gratitude, de la tolérance, de l'autodiscipline, de la générosité, bref, un bouquet pour booster les énergies bienveillantes en faveur de la paix durable et la prospérité de la Guinée.

De tout ce qui précède, vous pouvez imaginer à votre tour, mon état d'âme concernant ce chantier constitué d'un volumineux faisceau de raisons que j'ai longtemps ruminé et qui ont sous-tendu ma ferme volonté de réaliser cet essai. Œuvre qui est semblable pour moi à une germination à savoir : les motivations accumulées un bon moment, tel un embryon en vie ralenti dans la graine et qui prend subitement une vie active et se développe. Processus que l'on pourrait assimiler à la rédaction sans bémol de cet ouvrage jusqu'à son terme, en mettant en veilleuse d'autres ouvrages en rédaction à mon niveau, tellement le désir de vivre une Guinée unie, paisible et prospère, m'habite en permanence, de même que de nombreux compatriotes, j'en suis sûre.

Une Guinée paisible et prospère, c'est bel et bien possible.

Alors, agissons tous ensemble pour le bien-être de tous !

Sigles et abréviations

- ANIES : L'Agence Nationale d'Inclusion économique et sociale
- ANAFIC : l'Agence Nationale du Financement des Collectivités locales
- AWLN : African Women Leader Network
- CNDD : Conseil National pour la Démocratie et le développement
- CO-NA-SA-DRE : Conseil National pour la Sauvegarde des Acquis démocratiques et républicains
- DEA : Diaspora Africaine en Europe
- COFEPAD-GUINEE : la Coalition des Femmes parlementaires et Actrices pour la Paix, les Droits et le Développement de la Guinée
- *CTRN : Conseil Transitoire de Redressement national*
- CONOSG : Comité national olympique et sportif guinéen
- EPU : l'Examen périodique universel
- FOFPAG : Forum des Femmes parlementaires de Guinée
- FEGUIFOOT : Fédération guinéenne de Football
- FMI : Fonds monétaire international
- HC-PD-PG : Haut Conseil pour la Paix durable et la Prospérité de la Guinée
- IAER : l'Initiative africaine pour les Énergies renouvelables
- LGP : La Guinéenne en Politique

- ODD : Objectifs de Développement durable des Nations-Unies
- ONU : Organisation des Nations-Unies
- OUA : Organisation de l'Unité africaine
- OCDE : l'Organisation de la Coopération et de Développement économique
- OMD : Objectifs du Millénaire pour le Développement
- ONG : Organisations non gouvernementales
- PIB : Produit intérieur brut
- PME : Petites et Moyennes Entreprises
- RPG-AEC : Rassemblement du Peuple de Guinée-Arc en ciel
- REFAMP : Réseau des Femmes africaines, ministres et parlementaires
- REPAGUI-NVTP : Réseau des Parlementaires Guinéens sur la Nutrition le VIH-SIDA
  la Vaccination, la Tuberculose et le Paludisme
- TIC : Technologies de l'Information et de la Communication
- UA : Union africaine
- VIH/SIDA : Virus de l'Immunodéficience humaine

INTRODUCTION

Férue d'une Guinée stable et prospère comme d'autres compatriotes à l'intérieur du pays, mais aussi ceux de la diaspora, mon souhait le plus ardent est de voir ce que l'on pourrait même qualifier de syndrome : ni paix, ni guerre ; céder la place à une paix durable en République de Guinée.

La paix durable, une denrée précieuse, gage de tout développement socio-économique harmonieux d'un pays. Comme en témoignent de nombreux exemples à travers le monde. Également, un atout majeur qui a permis le décollage économique de bon nombre de pays, en un temps record, à travers le monde, notamment en Asie et même en Afrique.

Quant aux pays occidentaux, les leçons tirées des deux guerres mondiales ont permis de privilégier et d'enraciner la culture de la paix durable qui a été fort heureusement une véritable arme bienveillante pour la prospérité de leurs nations.

Parvenir à une paix durable en République de Guinée en vue de profiter réellement de la grande générosité divine dont elle a bénéficié, vu ses richesses naturelles abondantes, implique à mon humble avis, un véritable sursaut patriotique de tous les Guinéens et Guinéennes, épris de paix, de justice, de liberté, de démocratie et du respect scrupuleux des droits humains, etc.

Raison pour laquelle, après moult réflexions, j'ai jugé opportun, à travers cet essai, d'apporter ma petite pierre à l'édifice, en ce qui concerne bien évidemment la pérennisation de la paix dans notre pays. Situation bien heureuse qui pourrait mettre définitivement un terme à cette instabilité politique et sociale chronique, dont les effets néfastes constituent un véritable frein au développement socio-économique longtemps ambitionné par le glorieux peuple de Guinée, depuis l'orée de l'indépendance.

Le contexte guinéen dénote un climat en apparence stable, dans lequel des antagonismes plus ou moins violents témoignent pourtant d'une sorte de paix en demi-teinte. Pour bien d'analystes politiques et d'observateurs avisés, lorsqu'on interroge l'histoire, il ressort que notre pays a connu un passé douloureux, sous-tendu en grande partie par les contradictions tenaces dues, le plus souvent, aux ego, parfois, surdimensionnés entre les différents acteurs qui constituent l'élite dirigeante du pays et ceux qui ambitionnent de l'être.

Pour ainsi dire, les nombreuses crises majeures survenues dans le pays sous les différents régimes des première, deuxième, troisième et quatrième Républiques, de même qu'au cours des première, deuxième et troisième transitions, avec leur corollaire de malheurs, y compris la situation paradoxale de la Guinée à savoir : « **Pays naturellement riche, mais population majoritairement pauvre** » est tout au moins une triste réalité. C'est pourquoi, je trouve tout à fait pertinent de contribuer à trouver les réponses à ces questionnements de fond relatifs à la véritable étiologie du marasme économique persistant de la Guinée.

Pourtant, une économie guinéenne d'aplomb, c'est bien possible. Pour peu que certains ingrédients soient réunis. Comme en témoignent les innombrables acquis au cours de la Première République dirigée par le Feu Président Ahmed Sékou TOURÉ et les mandats du Président Professeur Alpha Condé, avec un taux de croissance de 6,6 % en 2016 et 6,7 % en 2017. Ceci, malgré l'épidémie de la maladie à virus Ebola en 2014 -2015 et la pandémie Covid-19 (mars 2020-2022) ainsi que les vives tensions politiques. À noter que la Guinée figurait parmi les 5 pays au sud du Sahara dont les économies devraient mieux se porter au cours de la période post COVID- 19. Performance acquise, il faut le reconnaître grâce aux efforts soutenus des gouvernants d'alors. Nonobstant ces pics salutaires avec un PIB ayant triplé, le retentissement sur le panier de la ménagère tardait à se faire ressentir considérablement, lorsque survient le changement anticonstitutionnel du 5 septembre 2021. Cette troisième période d'exception de l'histoire de la Guinée a entraîné à nouveau, un ralentissement de la croissance économique pour plusieurs raisons, notamment un certain attentisme des bailleurs de fonds et des investisseurs d'envergure à cause de la rupture de la légalité constitutionnelle.

En plus de cela, les multiples crises survenues dans le pays avec le risque d'implosion quasi constant et les périodes d'exception donnent une image de pays à risque, parfois même à haut risque. Contexte regrettable qui n'est nullement de nature à rassurer les investisseurs qui orientent leurs capitaux dans les pays beaucoup plus stables, au détriment du développement durable de la Guinée.

Pourtant, il est clair que la Guinée présente de très nombreux atouts naturels qui auraient pu favoriser son émergence depuis belle lurette. Selon les institutions financières internationales, les énormes avantages tels que : une façade maritime, un potentiel hydrologique et agricole, des frontières partagées avec 6 pays et un sous-sol très riche en minerais, sont des avantages incommensurables pour un décollage économique effectif et une amélioration de niveau de vie des populations.

Selon le FMI, en dépit de tous ces atouts, les indicateurs socio-économiques de la Guinée demeurent faibles. Avec un PIB de 20,5 milliards USD en 2022, la Guinée se situe en bas du classement IDH occupant le 182e rang sur 191 pays en 2021. D'après les autorités un peu moins de la moitié des Guinéens (44 %) vivent encore en dessous du seuil national de pauvreté qui est estimé à 16 423 GNF par personne et par jour (1,6 euro) en 2019. De surcroît, l'économie reste en grande partie informelle de nos jours, avec une part estimée à 41, 5 % du PIB et 96 % des emplois en 2019. Ensuite l'espérance de vie à la naissance se situe à 58,9 ans en 2021.

D'après certains observateurs et analystes, la Guinée était au même niveau de développement économique que des pays comme la Malaisie et autres au début des années 60. Alors que de nos jours, ce pays affiche une croissance record 8,7 % en 2022. Son indice de développement humain était à 0,803 en 2021 et classé au 60e rang du tableau de l'IDH sur 191 pays. Tandis que la valeur de l'IDH de la Guinée pour 2019 s'établit à 0,477, ce qui place le pays dans la catégorie « développement humain faible ».

Ironie du sort, la Malaisie qui est parmi les premiers pays producteurs d'huile de palme dans le monde avec 31 % de la production mondiale (source département de l'agriculture des États-Unis, USDA) a eu la Guinée parmi ces principaux fournisseurs de plants de palmiers dans les années 1990.

Ensuite, dans le domaine du transport, la Guinée avait sa propre compagnie aérienne créée depuis 1960 soit, deux ans après l'indépendance. Les vols desservaient : Boké, Labé, Kankan, Kissidougou, Macenta, Nzérékoré, Sambailo, Faranah et Siguiri au plan national. Quant aux vols internationaux, la compagnie desservait, Dakar, Abidjan, Freetown, Monrovia, Lagos, Brazzaville, Bamako et Kinshasa. À l'époque, elle assurait également, chaque année, le transport des pèlerins guinéens et ceux d'autres pays pour le pèlerinage à la Mecque. La flotte comptait environ 9 avions notamment des Boeing, AN 24, AN12, Indochine 18, etc. Elle a été privatisée en 1992 et a été liquidée en 2002. La Guinée avait des bateaux, des industries, des compagnies de transport terrestre et plein d'autres agrégats économiques qui participaient à son développement.

Mais, malheureusement, aujourd'hui, les innombrables défis liés à ces secteurs sont toujours de mise et le marasme économique est toujours d'actualité. De tout ce qui précède, j'estime sans risque de me tromper, que nous devons nous remettre en cause face à ce retard considérable enregistré par la Guinée, avec une évolution en dent de scie qui n'est autre que le résultat de nombreux manquements dont il est urgent de corriger, si nous voulons que notre pays et les Guinéens soient à présent aux antipodes de ce qu'on ne pourrait qualifier de « supplice de tantale » : en ayant la prospérité à portée de main sans y parvenir.

Pourtant, ce retard n'est nullement une fatalité, si et seulement si, nous adoptons tous de bons réflexes avec les meilleures inspirations constructives de la Guinée. Inspirations constructives qui ne peuvent faire florès qu'avec **une paix durable, une véritable démocratie, une bonne gouvernance, le respect des droits humains, l'avènement d'un véritable État de droit, un système judiciaire performant, des ressources humaines qualifiées, en investissant dans le secteur de l'éducation et de la santé, de même que le développement des secteurs porteurs de croissance, etc.**

En fait, le présent ouvrage qui note les raisons principales du retard considérable de la Guinée sur le plan socio-économique, n'a nullement la prétention d'être exhaustif ou complet. C'est juste une modeste contribution de ma part dans le vaste débat et au bénéfice du lecteur ordinaire qui souhaite ardemment un avenir radieux pour notre nation, qui possède bien d'atouts pour figurer parmi les pays les plus développés d'Afrique et pourquoi pas du monde. Surtout, in fine, si la Guinée veut être au rendez-vous de l'agenda 2030 avec les Objectifs de Développement durable des Nations-Unies (ODD) et de l'Agenda 2063 de l'Union africaine avec ses **sept Aspirations.**

Le premier chapitre porte sur un rappel de quelques notions générales, l'édification sur quelques concepts clés, avec des essais de définitions, des symboles, des droits et devoirs dans un pays qui prétend réussir sans faille. Il fait également allusion aux bienfaits de la démocratie pour l'atteinte des résultats escomptés, de même que des exemples pertinents de pays qui ont dû progresser grâce à ce régime politique dont la Grèce antique en a eu l'étrenne. De l'avis de tous, la démocratie : **le gouvernement par le peuple est le plus précieux don de la Grèce antique à l'humanité.**

Le deuxième chapitre relate la situation particulière de la Guinée avec ses symboles et d'autres informations. Le troisième chapitre a trait au rappel des critères pour être un bon citoyen au service de la nation guinéenne avec quelques élucidations sur les droits et devoirs des uns et des autres.

Ensuite, le quatrième chapitre à travers lequel, je me fais le devoir de formuler quelques recommandations, mais aussi deux propositions concrètes qui pourraient être des remèdes contre certaines pathologies qui affectent négativement l'évolution socio-économique de la Guinée, qui ne devrait pas être de nos jours, parmi les pays sous-développés, après plus de 65 ans d'indépendance, vu toutes ses richesses naturelles considérables.

Sans avoir la prétention d'avoir fait des propositions aux autorités en place indemnes d'insuffisances, tout comme de difficultés à mettre en œuvre, ces pistes de solutions pourraient contribuer à remédier aux profonds malaises dus aux multiples contradictions qui engendrent souvent de graves tourments en matière de violation des droits humains et autres, si elles sont formalisées par des textes de lois appropriés et mis en œuvre dans le pays. Avec, bien sûr, un accompagnement des institutions internationales qui n'auront sans doute, aucune objection à soutenir de tels chantiers tout à fait originaux et spécifiques à la Guinée. Ceci pour permettre d'apporter une thérapie aux maux qui affectent de manière chronique et négative, l'atteinte d'une position de pays émergent par la Guinée, grâce à ses énormes potentialités naturelles.

CHAPITRE I

NOTIONS GÉNÉRALES ET ÉDIFICATION SUR QUELQUES CONCEPTS CLÉS

Pour élucider le contexte de cet ouvrage, il y a fort à parier de l'impérieuse nécessité de procéder au rappel de quelques notions générales et de certains concepts clés pour rafraîchir la mémoire de toutes et de tous. Ceci, dans l'unique but de mieux éclairer les lanternes des citoyens guinéens sur nos droits et devoirs dont la meilleure appropriation revêtira une dimension éminemment stratégique qui pourrait nous permettre d'aboutir à des résultats probants. Vu les défis très consistants à relever par tous les Guinéens, il serait souhaitable de mieux outiller également la jeune génération, notamment depuis l'école, afin que les élèves et étudiants deviennent de futurs adultes avec l'amour de la patrie et la culture du bon citoyen et toutes les valeurs y afférentes, ancrées jusque dans leur subconscient. Il s'avère alors très utile de donner la signification des concepts susceptibles de léguer des valeurs sûres, pour améliorer les comportements dans le sens souhaité, réaliser le changement de certaines mentalités néfastes, pour aboutir au rayonnement de notre nation et autres.

1.1- Essai de définition

1- Armoiries

Selon le dictionnaire français, c'est un ensemble de signes héraldiques qui figurent sur l'écu d'un pays, d'une ville, d'une famille, d'une confrérie, etc.

Les armoiries s'inscrivent dans le cadre d'un blason (ensemble de règles de constitution des armoiries). Ce sont, plus précisément, les emblèmes, les dessins qu'on a choisis pour représenter une communauté ou toute une nation.

2- La devise nationale

Une devise nationale est une forme courte ou un aphorisme suggérant une ligne d'action ou un idéal national commun. C'est une expression significative qui symbolise les valeurs, les aspirations ou l'identité d'une nation. Elle est souvent utilisée sur les armoiries, les drapeaux ou d'autres symboles officiels d'un pays.

3- Le Drapeau

Le drapeau est un symbole, un insigne aisément compréhensible et reconnaissable permettant à celui qui le brandit d'affirmer son appartenance à une organisation ou à une nation plus grande que lui et au sein de laquelle il se sent vivant. La notion de drapeau s'est étendue à toutes les étoffes ayant valeur de signal ou de marque d'un pays.

4- L'hymne national

Selon la définition communément admise, un hymne national est une composition musicale destinée à représenter une nation dans le protocole international. Il peut être un champ traditionnel choisi en tant que chant patriotique préféré de la population ou qui s'est imposé par l'usage ou par décision gouvernementale.

5- Le pays

C'est le territoire d'une nation délimité par des frontières et constituant une entité géographique. Il s'agit entre autres d'une région envisagée au point de vue d'une certaine identité ou communauté d'intérêts de ses habitants. Toutefois, un pays représente un espace caractérisé par une cohésion géographique, économique, culturelle ou sociale dont le périmètre est apprécié par rapport à la notion de bassin de vie et d'emploi.

Bien entendu que ses principaux éléments constitutifs sont :

✓L'existence d'un territoire délimité et déterminé
✓L'existence d'une population résidente sur ce territoire
✓L'existence d'une forme minimale de gouvernement
✓La capacité à entrer en relation avec les autres États.

6- La Nation

C'est un groupe humain assez vaste, qui se caractérise par la conscience de son unité et de la volonté de vivre en commun, synonyme du peuple.

Selon l'Organisation des Nations-Unies : c'est une communauté politique établie sur un territoire défini et personnifié par une autorité souveraine. En d'autres termes, il s'agit plus précisément de l'ensemble des êtres humains vivants dans un même territoire, ayant une communauté d'origine, d'histoire, de culture, de tradition, parfois de langue et de religion.

7- La République

La République est un système politique dans lequel la souveraineté appartient au peuple qui exerce le pouvoir politique directement ou par l'intermédiaire de représentants élus. Ceux-ci reçoivent des mandats pour une période déterminée et sont responsables devant la nation.

De façon générale, la République est différente de la monarchie dans laquelle, le pouvoir est exercé par un monarque tel un roi, un empereur ou reine.

8- L'État

Sur le plan philosophique, l'État est un ensemble organisé d'institutions qui vise à assurer le bon fonctionnement d'une société. Il faut garder en tête que la domination, la force et la violence sont des attributs appartenant essentiellement à l'État.

Sur le plan juridique, « l'Etat peut être considéré comme l'ensemble des pouvoirs d'autorité et de contrainte collective que la nation possède sur les citoyens et les individus, en vue de faire prévaloir ce qu'on appelle l'intérêt général et avec une nuance éthique, le bien public ou le bien commun. D'un point de vue institutionnel, il peut être défini comme l'autorité souveraine qui exerce son pouvoir sur la population habitant un territoire déterminé qui, à cette fin, est dotée d'une organisation permanente. C'est en quelque sorte une communauté juridique, un ensemble d'individus soumis à une législation, à une même autorité politique. C'est une société organisée et ayant une administration politique et juridique, autonome. Les limites de son territoire sont reconnues par la communauté internationale.

Trois éléments déterminent l'État : le territoire (terrestre, maritime et aérien), la population (nationaux et étrangers) et l'autorité politique (le gouvernement). Selon la nature, l'État est une personne juridique de droit public, ayant des droits et des obligations. Ces droits sont des pouvoirs de décision et de contrainte exercés par ses organes. Ses obligations sont le respect du droit et la réparation des dommages qu'il cause (responsabilité de la puissance publique).

L'État est la personnification de la nation, car la nation n'est pas une personne juridique, elle est un concept politique. L'État est souverain. Il détient par délégation de la nation, le pouvoir inconditionnel, illimité et suprême qu'on appelle la souveraineté. La souveraineté interne désigne le pouvoir exclusif de l'État, d'imposer ses décisions partout et à tous. La souveraineté externe exprime l'égalité et l'indépendance absolue de l'État vis-à-vis des autres États.

9- La patrie

Il s'agit du pays où l'on est né ou auquel on appartient comme citoyen et pour lequel on a un attachement affectif. C'est en quelque sorte la terre des ancêtres. Le pays d'où l'on est originaire et qui nous est cher, la nation ou la communauté politique à laquelle on appartient. C'est également le pays dont on se sent étroitement et affectivement lié par l'histoire, la langue, la culture, les traditions et les habitudes de vie.

Des actes patriotiques impliquent son intérêt pour la patrie, tels que la connaissance parfaite de l'hymne national, le respect des symboles de la République, la sauvegarde de l'intérêt national, la défense de l'honneur de la patrie en cas d'agression, de rencontres sportives, la consommation des produits locaux, etc.

10- L'État-nation

Selon l'Unesco « L'État nation est un domaine dans lequel les frontières culturelles se confondent aux frontières politiques ». D'autre part, un État-nation est un type particulier d'État dans lequel les individus sont censés appartenir dans leur majorité à une même nation. Il se caractérise par une autorité fondée sur une souveraineté émanant de citoyens qui forment une communauté à la fois politique et culturelle ou ethnique.

11- Le droit

Le droit est un ensemble de règles et valeurs qui régisse et organise la vie en société. Ils désignent les règles de conduite régissant les rapports entre les membres d'une même société et dont le non-respect est sanctionné par les autorités publiques.

Sur le plan juridique, le droit indique l'ensemble des règles juridiques officielles ordonnant les rapports humains. Il est normatif, il indique ce qui doit être ou ne doit pas être, et sanctionné en dernier recours par la force publique.

Le droit est aussi une prérogative attribuée à un individu dans son intérêt, lui permettant de jouir d'une chose, d'une valeur ou d'exiger d'autrui une prestation. Il encadre aussi la vie des individus en vue de prévenir ou de régler des différends et permet une vie en sécurité dans la société. Aussi, la règle de droit désigne l'ensemble des normes juridiques applicables à tous. Cette règle générale, impersonnelle et obligatoire est garantie par l'autorité publique en cas de violation.

12- Les droits de l'homme

Les Droits de l'homme ou Droits humains ou encore Droits de la personne humaine sont des normes qui reconnaissent et protègent la dignité de tous les êtres humains. Ils régissent la façon dont nous vivons en société les uns envers des autres, de même que les relations entre citoyen et gouvernement et les obligations établies entre eux.

En d'autres termes, ils sont des prérogatives aux libertés reconnues à tout individu en vertu de sa qualité d'être humain, dans ses relations avec la collectivité et avec les autres individus en vue d'assurer le respect de sa dignité d'être humain.

Les caractéristiques des droits fondamentaux résident aux principes suivants : **Égalité** : égalité des sexes, égalité devant la loi, égalité devant l'impôt, égalité devant la justice. **La liberté** : liberté d'opinion, liberté d'expression, de réunion, de culte, de circuler librement, de libertés syndicales, de manifestations, de droits de grève, etc.

Un accent particulier doit être mis sur :

✓Le respect de la dignité humaine et le respect des autres : en manquant le respect à la personne, on touche à un élément essentiel qui est sa dignité

✓L'égalité et la justice : tous les êtres humains sont égaux dans leur dignité

✓La non-discrimination : on ne doit pas empêcher une personne à la jouissance des droits humains à cause de sa race, son origine ethnique, son sexe, son opinion politique

✓La tolérance : on doit accepter les différences

✓La responsabilité : La garantie des droits des autres implique la responsabilité à l'égard de ses propres actions

✓Les droits de l'homme sont UNIVERSELS (tout le monde en jouit sans discrimination.), INALIÉNABLES (ils ne peuvent être retirés que dans certains cas), INDIVISIBLES (ils sont tous d'égale importance) et INTERDÉPENDANTS (la violation d'un droit fondamental affecte le respect des autres droits).

13- L'État de droit

L'État de droit est un concept juridique, philosophique et politique qui suppose la prééminence dans un État, du droit sur le pouvoir politique, ainsi que le respect de chacun (gouvernants et gouvernés) de la loi. Il s'agit également d'un État où tout le monde (institutions, autorités, citoyens) est soumis aux droits. Ceci implique alors le respect de la hiérarchie des normes, la séparation des pouvoirs, l'égalité de tous devant la loi, le respect des autorités publiques, l'indépendance de la justice, l'existence de recours devant les juridictions, le respect des droits de l'homme, etc.

L'Etat de droit s'oppose à l'État de police, c'est-à-dire un État où règne l'arbitraire où les détenteurs de pouvoir ne respectent pas les lois et ne se soumettent pas au contrôle et aux décisions des tribunaux indépendants. Il est important de noter que l'État de droit défendu par un appareil judiciaire indépendant joue un rôle crucial en assurant le respect des droits civils et politiques, ainsi que l'égalité et la dignité de tous les citoyens.

14- L'État d'exception

L'État d'exception est de façon générale, des situations où le droit commun est suspendu. Il s'agit par exemple de la Constitution, des textes fondamentaux et des institutions républicaines. Ceci peut se référer à des cas juridiques distincts tels que l'État d'urgence, l'État de guerre, l'État de siège et la loi martiale. Les pouvoirs publics disposent des prérogatives importantes leur permettant de limiter les droits et libertés des citoyens. Autre exemple : l'instauration de couvre-feu, la restriction de la liberté d'aller ou de venir.

✓**L'État d'urgence** est une mesure prise par un gouvernement en cas de péril imminent dans un pays. Certaines libertés fondamentales subissent des restrictions pouvant être appliquées par une loi sur tout ou une partie du territoire national, caractérisée par l'extension des pouvoirs ordinaires de police des autorités civile. Généralement, l'état d'urgence est proclamé en cas de catastrophe naturelle.

✓**L'État de siège** est un dispositif juridique généralement mis en œuvre par le gouvernement en cas de péril imminent pour la nation. Il comprend plusieurs dispositions :

l'armée remplace la police pour la sécurité publique, certaines libertés de l'État de droit sont fortement restreintes, les médias sont contrôlés.

L'État de siège en temps de guerre est une situation dans laquelle se trouve une place fortement assiégée ou menacée par une armée ennemie et après que tous les pouvoirs ont été remis aux autorités militaires.

En temps de paix, l'État de siège constitue un régime exceptionnel et temporaire proclamé par un gouvernement pour faire face à un péril national imminent (insurrection armée, insurrection populaire ou invasion étrangère), en vue du maintien de l'ordre public.

Des prérogatives exceptionnelles sont octroyées au gouvernement, avec notamment un transfert de compétences d'autorités civiles aux autorités militaires, une suspension de l'effet des lois ordinaires et la limitation des libertés individuelles.

15- Les libertés publiques

La liberté publique désigne une catégorie de droits fondamentaux qui représentent les garanties de l'État de droit. Il s'agit pour ainsi dire, l'ensemble des droits et des libertés individuelles et collectives garantis par la législation applicable dans un État. Les libertés ne sont dites publiques que si l'État intervient pour les reconnaître et réglementer leur exercice.

Pratiquement, la plupart des pays ont adopté des instruments juridiques de protection des libertés publiques en s'inspirant des grands textes internationaux, dont notamment le Pacte international relatif aux Droits civils et politiques, le Pacte international relatif aux Droits économiques, sociaux et culturels et la Déclaration des droits de l'homme de l'ONU.

À noter que les libertés publiques sont des libertés individuelles et collectives garanties par les textes. Elles constituent un sous-ensemble des droits fondamentaux. En quelque sorte, d'autres libertés ne sont pas des droits et ne sont pas protégées par les textes.

16- La citoyenneté

La citoyenneté est un ensemble de droits et de devoirs réciproques. C'est en fait le lien qui rattache l'individu à la collectivité, à la nation à laquelle il appartient. Cette qualité des citoyens suppose la connaissance et l'exercice de ses droits et devoirs. Il est tout à fait légitime que le citoyen réclame à l'État le respect de ses droits pour que l'État réclame aussi légitimement du citoyen l'accomplissement de certains devoirs.

Le civisme, la civilité et la solidarité sont trois valeurs fondamentales pour une citoyenneté responsable. Elle a pour but de permettre aux individus de participer à la vie politique de leur pays avec la possibilité de voter pour le libre choix de ses représentants ou donner leur avis sur des décisions politiques dans le pays. Bien au-delà d'un statut juridique, la citoyenneté a trait davantage à un mode de comportement civique et une participation active à la vie de la société. Elle concerne l'inclusion sociale, l'accès au droit, l'esprit de solidarité, l'exercice des droits civiques et la prise de responsabilité avec des actions constructives pour la collectivité. Il s'agit également de traiter les autres citoyens avec respect et tolérance, la bonne conduite et le respect des lois, des principes de participer à la dépense publique en payant ses impôts et taxes, bref, participer à la dépense du pays, etc.

17- Le civisme

Le civisme est le respect des règles de vie en société avec l'attachement à la collectivité dans laquelle on vit. Il s'agit en d'autres termes, du dévouement envers la collectivité, l'État et à la participation régulière à ses activités, notamment par l'exercice du droit de vote. En quelque sorte, c'est une valeur essentielle pour notre société. Ceci étant, **il doit être un engagement qui commence depuis l'école pour permettre à chaque individu de remplir ses devoirs à l'égard de l'État et des autres citoyens au nom de la solidarité**.

18- Les civilités

Il s'agit du respect d'autrui avec les règles de savoir-vivre, de courtoisie, de politesse, le refus de la grossièreté et de la violence au quotidien. Pratiquement, **c'est une bienséance propre à une communauté sans que leur inobservance tombe sous le coup d'une quelconque loi en exposant le fautif à une sanction pénale**.

Faire preuve de civilité, équivaut par exemple : à céder la place à une personne âgée ; un simple bonjour « Salut », « au revoir », « bonne soirée » ; regarder les yeux dans les yeux, faire un effort pour échanger quelques amabilités, mais aussi envers les divers bâtiments et lieux de l'espace public. Pareillement, les titres de civilité sont madame, mademoiselle, monsieur, maître, docteur et docteure. Elles consistent également à mettre chacun à sa place en fonction du statut social en acceptant les titres : grand-frère, tante, papa et maman pour les personnes ayant le même âge que ses parents.

19- La majorité

La majorité est l'âge auquel, selon la loi, une personne acquiert la pleine capacité d'exercer ses droits. On distingue :

✓***La majorité civile* :** Qui est l'âge fixé par la loi pour exercer pleinement ses droits civils. Dans la plupart des pays, la majorité est fixée à 18 ans.

✓***La majorité pénale* :** C'est l'âge à partir duquel une personne est considérée comme suffisamment mature pour voir sa responsabilité pénale engagée. Elle est de 18 ans.

✓**La *majorité matrimoniale* :** C'est l'âge à partir duquel une personne est considérée comme capable de s'engager dans les liens du mariage. Elle est fixée à 18 ans.

20- La démocratie

La démocratie est un régime politique dans lequel le pouvoir appartient au peuple qui l'exerce, soit directement (démocratie directe), soit indirectement par l'intermédiaire des représentants (démocratie représentative).

Étymologiquement parlant, la démocratie vient du mot grec ancien ; « demos » qui est le peuple et « Kratos » qui est le pouvoir. Ce concept a été inventé par les Athéniens dès le renversement des tyrans en 510 av. J.-C. Aussi, les premières expériences d'un régime politique démocratique ont eu lieu pendant l'antiquité, dans la cité grecque d'Athènes. C'est littéralement le « pouvoir du peuple ». De manière plus précise, le concept de démocratie désigne l'ensemble des systèmes politiques dans lesquels le peuple est la source du pouvoir politique. Ces systèmes politiques sont divers et la démocratie peut être mise en œuvre de différentes manières, selon les pays, les cultures et les périodes historiques. Il y en a ainsi plusieurs types de démocratie : directes, indirectes, représentatives, participatives, etc.

En quelque sorte, dans une République démocratique, le pouvoir est détenu par le peuple et les pouvoirs exécutifs, législatifs et judiciaires sont séparés faisant que le vote des lois engage tous les citoyens.

En plus, dans ce type de régime, la volonté des citoyens s'exprime à travers des représentants qui établissent les lois (pouvoirs législatifs) et les font appliquer (pouvoir exécutif).

Dans les démocraties représentatives contemporaines, les représentants sont élus par le peuple qui confie leur pouvoir à ceux-ci. Ce qui revient à dire, d'après Abraham Lincoln, « ***la démocratie est le gouvernement du peuple par le peuple et pour le peuple*** ».

21- La politique

Dans le présent contexte, il s'agit pour nous de se focaliser sur l'aspect ayant trait à la conquête, à l'organisation et à l'exercice du pouvoir dans un État. Ceci, dans la mesure où le mot politique embrasse bien de domaines distincts, selon qu'on en fasse usage en tant qu'adjectif, nom masculin et non féminin.

Pour ainsi dire du grec Polytekos : qui concerne l'État, est relatif à l'organisation du pouvoir et à son exercice. Pratiquement la politique porte sur les actions, l'équilibre, le développement interne de la société, ses rapports internes et ses rapports avec d'autres ensembles. Elle est principalement ce qui a trait au collectif, à une somme d'individualités ou de multiplicité. C'est dans cette optique que les études politiques ou sciences politiques s'élargissent à tous les domaines d'une société (Économie, Droit, sociologie, etc.)

Dans une acceptation plus restrictive, la politique au sens d'art politique, se réfère à la pratique du pouvoir, soit donc aux luttes de pouvoir et de représentativité entre des hommes et des femmes de pouvoir et aux différents partis politiques auxquels ils peuvent appartenir, tout comme à la gestion de ce même pouvoir.

22- Les partis politiques

Au sein d'un système politique et institutionnel, les partis politiques sont des associations de personnes réunies autour d'une idéologie ou d'un programme politique qu'elles souhaitent voir mettre en œuvre. Alors le but d'un parti politique est d'influencer le pouvoir en place, en le soutenant si celui-ci en est issu ou en s'y opposant.

En général, les partis politiques sont des associations à but non lucratif dont les droits et devoirs sont inscrits dans des textes de loi. Ils s'organisent à l'échelle nationale et se déploient sur toute l'étendue du territoire par l'intermédiaire des militants.

Du point de vue organisation, il est libre et dispose néanmoins de textes constitutifs qui précisent son organisation interne. Il s'agit entre autres : des statuts, du règlement intérieur et autres. Il est dirigé généralement par un Président ou un Secrétaire général. On trouve aussi un trésorier, de même qu'une Direction nationale.

On distingue les sympathisants, qui constituent l'électorat traditionnel du parti, des adhérents qui sont inscrits officiellement dans le registre du parti et s'impliquent activement dans la vie du mouvement. Les adhérents peuvent être présents sur l'ensemble du territoire au sein des entités locales (souvent appelées sections ou cellules) du parti. Ceux-ci effectuent le travail de terrain pour se faire connaître auprès des citoyens. Généralement, le parti possède des locaux pour réunir ses militants.

Au niveau national, le comité directeur ou direction nationale assure le pilotage stratégique du parti. Les adhérents sont appelés à se réunir périodiquement en Congrès pour décider des grandes orientations du parti et élire ses représentants.

23- La loi

Au sens large, une loi désigne une disposition normative et abstraite, posant une règle juridique d'application obligatoire. Au sens formel, la loi est une disposition prise par une délibération du Parlement (Assemblée nationale et Sénat), par opposition au règlement qui est émis par une des autorités administratives auxquelles les lois constitutionnelles ont conféré un pouvoir réglementaire.

Les lois permettent de maintenir l'équilibre entre nos droits individuels et nos obligations en tant que membres de la société. Elles sont des règles établies par le gouvernement qui interdisent certains actes et sont appliquées par les tribunaux. Les lois s'appliquent à tous uniformément. En cas de violation de la loi, le contrevenant est obligé de payer une amende, réparer les dommages causés ou subir la peine privative de liberté.

Les lois reconnaissent et protègent également les libertés et les droits individuels fondamentaux comme la liberté et l'égalité.

En droit, la loi (du latin : lex, legis qui signifie : loi) est une règle juridique. La notion de loi se définit par rapport au contrat et au traité qui résultent d'une négociation entre égaux (sur le plan du droit), mais aussi par rapport à d'autres sources de droit : la tradition (us et coutumes), la jurisprudence, les lois fondamentales (constitution, « grande charte », etc.) et les règlements et autres actes écrits du pouvoir exécutif. La loi est l'œuvre du pouvoir législatif, souvent incarné par un parlement représentant du peuple. Dans les pays qui ont gardé des formes de démocratie directe, la loi peut être votée par l'ensemble des citoyens. La loi dans son sens le plus large correspond à une norme juridique, quelle qu'en soit la nature.

Au point de vue philosophique, au Ve siècle avant J.C, Xénophon donne, dans les mémorables, une définition de la loi selon Périclès : « Toute *délibération en vertu de laquelle le peuple assemblé décrète ce qu'on doit faire de bien ou non ; ce que le pouvoir qui commande dans un État ordonne après en avoir délibéré* ». Selon Aristote, la loi est « *un discours déterminé par le consentement unanime de la cité, indiquant comment il faut faire chaque chose* ». Au demeurant, Friedrich Engels pense que « *la législation a pour but de protéger le possédant contre celui qui n'a rien. C'est uniquement parce qu'il y'a des gens qui n'ont rien que les lois sont une nécessité* ». À noter qu'on distingue les lois ordinaires et les lois organiques.

Les parlementaires votent les lois et le Président de la République les promulgue.

24- La Constitution

Il s'agit de l'ensemble des textes fondamentaux qui établissent la forme d'un gouvernement, règlent les rapports entre gouvernants et gouvernés et déterminent l'organisation des pouvoirs publics. Pratiquement, la Constitution est située au sommet de la hiérarchie des normes juridiques internes et regroupe l'ensemble des règles de fonctionnement des institutions de l'État. Dans de nombreux pays, elle définit les rapports entre le Parlement et le Gouvernement, le rôle du Président de la République et autres. Les trois pouvoirs définis par une Constitution sont : **le pouvoir exécutif, le pouvoir législatif, et le pouvoir judiciaire**. La constitution organise leur rôle, mais aussi les liens qu'ils entretiennent, notamment, **la manière dont ils se contrôlent les uns les autres**.

✓**Le pouvoir législatif** est chargé de la rédaction et de l'adoption des lois, mais également du contrôle de l'exécutif. Le pouvoir législatif est généralement exercé par un parlement, composé d'une ou deux des chambres (mono ou bicamérale). Il s'agit de l'Assemblée nationale et du Sénat dans de nombreux pays.

✓ **Le pouvoir exécutif** met en œuvre les lois et conduit la politique nationale. À cette fin, il a le pouvoir d'édicter des règlements et il dispose de l'administration et de la force armée. Le pouvoir exécutif est exercé par un chef de l'État qui joue un rôle plus ou moins important, selon les régimes et par un gouvernement.

✓**Le pouvoir judiciaire** veille à ce que les lois soient respectées et sanctionnent leur non-respect. Son indépendance est primordiale puisqu'elle est la condition de son impartialité. C'est généralement la Constitution qui définit ses compétences et qui garantit son indépendance. Certaines constitutions privilégient la stricte séparation des pouvoirs, d'autres leur permettent, tout en étant distincts, de disposer de moyens de contrôle les uns à l'égard des autres.

25- Le Parlement

Le Parlement désigne l'ensemble des assemblées exerçant le pouvoir législatif. Il est formé par l'Assemblée nationale et le Sénat et rassemble des élus qui représentent les citoyens. Lorsqu'il est composé d'une seule chambre, on parle de monocaméralisme et de bicaméralisme, quand il s'agit de deux chambres. Sa mission est le vote des lois, le contrôle de l'action gouvernementale et le rôle de représentation des citoyens.

Les membres de la Chambre dite « basse » sont élus au suffrage universel direct, dans un mode de scrutin variable, selon les États. L'élection des membres de la Chambre haute peut varier selon les pays, pour certains, ce sont les citoyens qui les élisent, pour d'autres, ce sont des grands électeurs. Les membres du Parlement sont appelés députés ou sénateurs, selon qu'ils appartiennent à l'Assemblée nationale ou au Sénat. Les organes du parlement sont : Le Président de l'Assemblée nationale, le bureau de l'Assemblée nationale, les questeurs, les groupes politiques, la place des organes d'opposition et des groupes minoritaires, les commissions permanentes.

26- Le député

Un député est un membre élu du Parlement. Il est élu au suffrage universel direct pour une durée de 5 ans pour siéger à l'Assemblée nationale pour la plupart des pays. Représentant de la nation, il participe à l'exercice de la souveraineté nationale. Son rôle est de voter la loi et de contrôler l'action gouvernementale. Chaque député élu représente la nation entière et exerce à ce titre, un mandat national. En général, la Constitution interdit le mandat impératif. En conséquence, les députés se déterminent librement dans l'exercice de leur mandat. Ils votent non seulement la loi, mais ils peuvent introduire des propositions de loi. Ils peuvent également en commission puis en séance publique, proposer par amendement, des modifications au texte examiné et prendre la parole. Au titre du contrôle, le député peut interroger le gouvernement, examiner son action au sein d'une commission, de même qu'il peut en signant une motion de censure qui sera soumise au vote de l'ensemble des députés, mettre en cause la responsabilité du gouvernement.

Pour ainsi dire, un député appartient obligatoirement à l'une des commissions permanentes de l'Assemblée, dont la fonction principale est de préparer le débat qui aura lieu en séance publique et qui aboutira au vote de la loi.

27- Le gouvernement

Le gouvernement désigne un organe qui détient le pouvoir exécutif dans un État. Il détermine et conduit la politique de la nation et dispose de l'administration et des forces armées. Sous la conduite du Premier ministre, le gouvernement est responsable politiquement devant le Parlement dans un régime parlementaire et devant le chef de l'État dans un régime présidentiel. Il décide et entreprend les actions nécessaires à la conduite de l'État, étant entendu qu'il est le pouvoir qui dirige l'État et l'organe politique qui exerce le pouvoir exécutif. Il est généralement constitué de ministres et de secrétaires d'État.

28- La bonne gouvernance

Le véritable fondement de la lutte contre la pauvreté et la corruption, la bonne gouvernance est le processus grâce auquel, les institutions publiques conduisent les affaires publiques, gèrent des ressources publiques et garantissent la réalisation des droits de l'Homme, sans abus, ni corruption et dans le respect de l'État de droit.

Selon le Haut-Commissariat des Nations Unies aux Droits de l'Homme, la bonne gouvernance vise à garantir une utilisation efficace et efficiente des ressources économiques, ainsi qu'à assurer la stabilité et la croissance à long terme de l'économie.

Pratiquement les valeurs positives de la bonne gouvernance sont : **L'intégrité, l'ouverture et la transparence, l'inclusivité, la participation, l'égalité femmes-hommes et la diversité et enfin la redevabilité et le respect de l'État de droit.**

La bonne gouvernance engendre la confiance entre les citoyens et leurs gouvernants dans la mesure où, l'utilisation transparente des ressources publiques est de mise. Elle est également un moyen de mieux cibler les dépenses de l'État et de les rendre plus efficaces.

29- La transparence

Dans ce contexte, il s'agit d'une parfaite accessibilité de l'information dans les domaines qui regardent l'opinion publique. Généralement, on utilise le mot « transparence » pour qualifier une pratique sociale guidée par la sincérité et une parfaite accessibilité de l'information dans les domaines qui concernent l'opinion publique. Il s'agit de communiquer ouvertement et honnêtement, et mettre en place une culture où l'information peut circuler librement entre les individus.

30- L'éthique

L'éthique est tirée du mot grec « Éthos » qui signifie « manière de vivre ». C'est en quelque sorte une branche de la philosophie qui s'intéresse aux comportements humains et plus précisément à la conduite des individus en société. L'éthique fait référence aux valeurs : intégrité, impartialité, respect, compétences et loyauté permettant de veiller à l'intérêt public.

Dans notre vie quotidienne, l'éthique nous aide à déterminer ce qui est juste et moralement correct. « ***C'est la boussole qui nous guide dans nos actions et nos décisions instantanées en veillant à ce que nous traitions les autres avec respect et dignité*** » (LERISA). À noter que Socrate est considéré comme le premier philosophe de l'éthique.

Pratiquement, c'est aussi une discipline philosophique portant sur les jugements moraux et dont le concept est très proche de celui de la morale. Il s'agit d'une réflexion fondamentale de tout peuple afin d'établir ces normes, ses limites et devoirs.

31- La morale

La morale et l'ensemble des normes, des règles de conduite propres à une société donnée. Pratiquement, ce sont des règles de conduite considérées comme bonnes de façon absolue ou découlant d'une certaine conception de la vie. Pour ainsi dire, c'est une science du bien et du mal, théorie des comportements humains régis par des principes éthiques. Il s'agit en quelque sorte d'un certain nombre de valeurs et de principes qui permettent de différencier le bien du mal, le juste de l'injuste, l'acceptable de l'inacceptable et auquel il faut se conformer. C'est une préoccupation de la distinction entre le bien et le mal et qui s'attache aux bonnes mœurs. **À noter que Aristote est le père de la philosophie de la morale centrée sur les vertus. À la fois source de bonheur et de justice, la vertu est ce juste milieu qui permet à chacun de vivre avec bonheur, tout en tenant compte des autres.**

32- La paix

Du latin : pax « paix, tranquillité, repos », la paix désigne un état de concorde entre les membres d'un groupe, d'une nation, avec le calme intérieur, la tranquillité d'esprit, de quiétude et d'apaisement. Il s'agit entre autres, d'un concept qui indique un état de calme et de tranquillité avec l'absence de perturbations, de trouble, de guerre ou de conflit.

Pour ainsi dire, la paix est une relation de bien-vivre ensemble, solide et durable, basée sur le respect, la sérénité, la cordialité et la bonne entente. C'est aussi une dynamique incessante d'interactions mutuelles positives avec une harmonie pérenne. **Elle se construit par la diminution des inégalités, de la pauvreté et le renforcement de la démocratie, de l'État de droit et l'instauration d'une culture de la non-violence. La paix est indispensable au commerce, à la croissance économique soutenue et à la prospérité.**

À mon humble avis, c'est une denrée précieuse, qui est la condition sine qua non de tout développement socioéconomique effectif d'un pays. Elle est illustrée en général par : le drapeau blanc, la Croix-Rouge, le casque bleu ciel, la colombe, le rameau d'Olivier, le drapeau olympique ou les couleurs de l'arc-en-ciel.

Selon Emmanuel Kant, « **l'idée de paix perpétuelle doit être au fondement de la Constitution civile de chaque État qui doit déjà, dans ce sens, être républicain** ».

Aussi, l'Organisation des Nations Unies joue un rôle important dans le maintien de la paix à travers le

monde. Elle prévient les conflits en ayant recours à la diplomatie, aux missions de bons offices et à la médiation. Elle utilise les envoyés spéciaux et des missions politiques sur le terrain.

33- La cohésion sociale

La cohésion sociale est l'ensemble des atouts dont dispose une société pour permettre d'assurer le bien-être de tous ses membres, **en réduisant les disparités, en évitant la marginalisation et l'exclusion. Elle est favorisée par : l'accès de tous au bien-être matériel et moral, la diminution des inégalités, l'égalité des chances, l'absence d'exclusion sociale, la participation active des individus à la société, du sentiment d'appartenance, d'un but commun et de valeurs partagées.**

Cette cohésion sociale est pratiquement « *favorisée par le bien social qui relie les individus les uns aux autres, suffisamment et solidement, pour que la cohésion de la société soit assurée et se reproduise dans le temps* ». Il renforce le sentiment d'appartenance collective à une société chez les citoyens, favorisée éminemment par le respect mutuel entre eux.

34- La liberté d'expression

Considéré comme un des moyens de garantir les autres libertés et comme une condition de la démocratie, la liberté d'expression est « ***le droit de la liberté d'opinion et la liberté de recevoir ou de communiquer des informations ou des idées sans qu'il puisse avoir ingérence d'autorités publiques et sans considération de frontière*** **».**

Bien entendu que la liberté d'expression est un droit fondamental consacré à l'article 19 de la Déclaration universelle des droits de l'homme du 10 décembre 1948. **Elle est**

un droit universel indispensable à la démocratie véritable. Ces formes sont : orales, écrites, audiovisuels, culturelles, virtuelles, artistiques, etc.

Toutefois, cette liberté d'expression ne doit pas entraîner d'incitation à la haine, à la discrimination, à la violence, à la ségrégation, à l'égard d'autrui en public ou la diffusion d'idées fondées sur la supériorité raciale ou la haine ethnique.

35- Le droit au développement

Le droit au développement est un droit individuel et collectif qui vise à promouvoir et à partager la capacité de l'individu à participer, à contribuer et à profiter du développement qu'il soit économique, social, culturel ou politique. Il prévoit que la « personne humaine » soit le sujet central, le participant et le bénéficiaire du processus de développement (Rapporteur spécial des Nations unies sur le droit au développement ; Saad Alfarargi ; déc. 2017). Le droit au développement n'est pas seulement un droit fondamental en soi, mais il est également nécessaire à la pleine réalisation de tous les autres droits de l'homme. **Il appelle également à la répartition équitable des avantages qui résultent du développement.**

Étant un droit individuel autant que collectif, ceci implique que les collectivités (par exemple les pays, les populations, les nations et les groupes) sont également bénéficiaires du droit au développement.

Ensuite, le droit au développement est profondément lié aux droits des peuples, à l'autodétermination et à leurs droits d'exercer leur pleine souveraineté sur toutes les ressources et richesses naturelles. Il s'applique alors à l'ensemble de la population des pays et aux États. Il traite des problèmes systémiques et structurels et des causes profondes de la pauvreté, des inégalités et des conflits. Sa mise en œuvre effective contribuera à la réduction de la pauvreté et des inégalités, à prévenir les conflits et à promouvoir le progrès sans exclure personne, pour que les individus et les peuples puissent vivre dans la liberté, l'égalité, la dignité et profiter d'une paix durable.

À noter que le mandat de promouvoir, de protéger la réalisation du droit au développement et de renforcer le soutien des organes pertinents du système des Nations unies à cette fin, incombe éminemment au **Bureau du Haut-commissariat des Nations unies aux droits de l'Homme.**

36- La solidarité

La solidarité est une valeur qui unit des personnes avec un sentiment d'entraide mutuelle. Ces personnes se sentent liées, car elles font partie de la même famille, ou vivent dans la même ville, le même pays, sur la même planète, etc.

En d'autres termes, la solidarité constitue une saine pratique de relations d'entraide entre les individus partageant les mêmes intérêts, afin de promouvoir leurs objectifs. Elle représente un excellent remède de lutte contre l'isolement ou la marginalisation. Pratiquement, il s'agit d'une relation d'entre-aide entre les individus sous forme de : de prendre soin, de se soucier, de protéger, de soutenir, de partager, d'aider, d'accompagner les uns et les autres. Il est important de noter que la solidarité est un acte collectif avec le sentiment de responsabilité et de dépendance réciproque au sein d'un groupe de personnes qui sont généralement, moralement liées et obligées de se venir en aide. Ceci étant, les problèmes rencontrés par l'un ou plusieurs de ses membres concernent l'ensemble du groupe.

Par conséquent, la solidarité est un devoir et nous faisons preuve de cette pratique couramment dans la mesure où nous nous battons tous pour la défense des droits humains et autres. C'est également un des meilleurs moyens de créer un monde plus juste et bien d'autres effets bénéfiques, en l'occurrence la baisse chez les personnes du niveau de stress et d'anxiété.

37- La prospérité partagée

D'après la Banque mondiale, la prospérité partagée est un nouvel objectif adapté à un monde en évolution. Il s'agit d'une notion qui recouvre 2 composantes clés : **la croissance économique et l'équité**. Elle traduit une volonté d'œuvrer pour l'augmentation des revenus de 40 % pour les plus pauvres de la population d'un pays.

En fait, sans croissance économique durable, les pauvres ne peuvent guère améliorer leur niveau de vie. Mais, la croissance qui profite en soi ne suffit pas. Instaurer une prospérité partagée, c'est installer une croissance qui profite aussi aux plus démunis. **C'est pourquoi « la priorité que la Banque mondiale accorde à la prospérité partagée reflète le fait que de nombreux pays cherchent à relever rapidement et durablement le niveau de l'ensemble de la population et non plus uniquement d'une minorité de privilégiés »** (J'aime Saavedrachanduvi ; Directeur ; Réduction de la pauvreté et équité)

38- Les Objectifs du Millénaire pour le Développement OMD : (de 2000 à 2015)

Les OMD ont été adoptés par les États membres des Nations-Unies et 23 organisations internationales en 2000. Ils constituent une déclaration solennelle, énonçant 8 objectifs qui devaient être atteints à l'horizon 2015, à savoir :

1- Mettre fin à l'extrême pauvreté et à la faim
2- Assurer l'éducation primaire pour tous.
3- Promouvoir l'égalité des sexes
4- Réduire la mortalité infantile
5- Améliorer la santé maternelle

6- Combattre le VIH/SIDA, le paludisme et d'autres maladies

7- Assurer un environnement durable.

8- Mettre en place un partenariat mondial

Ce sont des objectifs qui représentent les engagements des États membres des Nations unies en vue de réduire l'extrême pauvreté et ses corollaires : la faim, les inégalités entre les sexes, les maladies, le manque d'éducation, l'accès aux infrastructures de base et la dégradation de l'environnement. Il s'agit d'objectifs mesurables de l'an 2000 à 2015. Il a donné une impulsion aux politiques internationales de développement en définissant les responsabilités des pays riches envers les pays pauvres en matière d'aides, de réduction de la dette et d'amélioration de l'accès aux marchés.

39- Les Objectifs du Développement Durable ODD (de 2015 à 2030)

Les ODD définissent le monde que nous voulons. Ils s'appliquent à toutes les nations et visent à s'assurer que personne n'est laissé de côté.

Selon les Nations unies, les Objectifs du Développement durable sont le programme 2030, la carte du monde que nous voulons à l'avenir. C'est ainsi que tous les 193 États membres de l'ONU ont négocié ces 17 Objectifs de Développement durable et 169 cibles. Tous se sont accordés pour les adopter et tous se sont engagés à tout mettre en œuvre pour les atteindre. Cet agenda 2030 est universel, c'est-à-dire qu'il s'applique à tous les pays du Nord comme du Sud. À cet égard, tous les pays sont « en voie de développement durable ».

Avec ses 17 objectifs de développement durable et 169 cibles (ou sous-objectifs), il dessine une feuille de route détaillée et couvrant pratiquement toutes les questions de société : (l'agenda 2030 en France, le site des Objectifs de Développement Durable ODD).

Ils ont pour principale ambition, la transformation de notre monde en éradiquant la pauvreté et les inégalités, en assurant sa transition économique et solidaire à l'horizon 2030. Comprenant 169 cibles, ces ODD renferment 17 objectifs indépendants, conçus pour servir de schéma directeur commun pour la paix et la prospérité des personnes et de la planète dans le présent et dans l'avenir. Ces objectifs et leur cible visent à accélérer les actions qui ne laissent personne ni aucun endroit de côté. Ce qui recommande vivement de cibler les personnes les plus vulnérables, d'augmenter les ressources et les services de base et de soutenir les communautés. Ils sont les suivants :

1- Pas de pauvreté
2- Faim zéro
3- Bonne santé et bien-être
4- Éducation de qualité
5- Égalité des sexes
6- Eau propre et assainissement.
7- Une énergie propre et abordable
8- Travail décent et croissance économique
9- Industries, innovation et infrastructures
10- Réduction des inégalités
11- Villes et économies durables
12- Consommation et production responsables
13- Action climatique
14- La vie sous l'eau
15- La vie sous terre
16- Paix, justice et institution forte.
17- Partenariat pour les objectifs

40- L'Agenda 2063 de l'Union africaine

« L'agenda 2063 : L'Afrique que nous voulons » est un schéma et un plan directeur de l'Afrique visant à transformer le continent en puissance mondiale de l'avenir. Pour ainsi dire, c'est le cadre stratégique du continent qui vise à atteindre son objectif de développement inclusif et durable. C'est en fait une manifestation concrète de la volonté panafricaine d'unité, d'autodétermination, de liberté, de progrès et de prospérité collective, poursuivie dans le cadre du panafricanisme et de la Renaissance africaine.

Pratiquement, l'agenda 2063 est né de la ferme volonté des dirigeants africains, d'œuvrer inlassablement pour relever les nombreux défis qui interpellent le continent pour un avenir radieux. Ils ont perçu la nécessité de recentrer et de redéfinir les priorités de l'agenda de l'Afrique au détriment de la lutte contre l'apartheid et de l'obtention de l'indépendance politique du continent, qui étaient au centre des préoccupations de l'Organisation de l'Unité africaine (OUA), précurseur de l'Union africaine et au profit d'un développement social et économique inclusif, d'une intégration continentale et régionale, d'une gouvernance démocratique, de la paix et de la sécurité, entre autres questions visant à repositionner l'Afrique pour qu'elle devienne un acteur dominant sur la scène mondiale. L'Agenda 2063 est la manifestation concrète de la manière dont l'Afrique entend réaliser cette vision sur une période de 50 ans, de 2013 à 2063.

L'Afrique de demain a été décrite dans une lettre présentée par l'ancienne présidente de la commission de l'Union africaine, Mme ***Nkosazana Dlamini Zuma.***

C'est ainsi que tous les Africains sont engagés à agir ensemble en vue d'atteindre les 7 aspirations suivantes :

➢**Aspiration N° 1 :** Une Afrique prospère, fondée sur la croissance inclusive et le développement durable.

➢**Aspiration N° 2 :** Un continent intégré uni sur le Plan politique et ancré dans les idéaux du panafricanisme.

➢**Aspiration N° 3 :** Une Afrique de bonne gouvernance, de Démocratie, de Respect des Droits de l'Homme, de Justice et d'État de Droit.

➢**Aspiration N° 4 :** Une Afrique vivant dans la Paix et dans la Sécurité.

➢**Aspiration N° 5 :** Une Afrique dotée d'une forte identité culturelle, d'un Patrimoine commun, de Valeurs et d'Éthique partagées.

➢**Aspiration N° 6 :** Une Afrique dont le développement est axé sur les populations, qui s'appuie sur le potentiel de ces populations, notamment celles des Femmes et des Jeunes, qui se soucie du Bien-être des Enfants.

➢**Aspiration N° 7 :** Une Afrique qui agit en tant qu'acteur et partenaire fort, unie et influente sur la scène mondiale.

1.2- Les éminents avantages de la démocratie pour le développement socio-économique d'un pays :

Pas du tout fortuite, loin s'en faut, l'adoption de la démocratie par la majeure partie des pays à travers le monde comme régime politique, réside au fait qu'elle soit la voie la mieux à même pour réussir un développement socio-économique harmonieux et inexorable.

Dcpuis la première démocratie réalisée à Athènes, en Grèce, vers le 5e siècle avant notre ère, cette forme de gouvernement a fasciné bien des dirigeants férus d'un développement économique véritable et de la prospérité pour leurs peuples. Pratiquement la démocratie demeure le meilleur tremplin pour bon nombre d'analystes et d'observateurs. En témoigne quelques opinions de certaines personnalités pas des moindres à travers le monde. Il s'agit du président Joe Biden qui affirme que « *l'une des grandes raisons qui explique le succès de la démocratie, c'est qu'elle libère le potentiel humain* ».

Selon l'économiste Daron Acemoglu, « les démocraties consacrent davantage de dépenses à l'éducation et à la santé ». Il poursuit, « *quand les personnes issues des couches les plus pauvres de la société accèdent aux soins de santé et à l'éducation, elles deviennent les plus susceptibles d'atteindre leur potentiel et de contribuer à l'économie locale* ».

Évidemment, l'atteinte des résultats escomptés implique l'application des règles démocratiques véritables par les dirigeants et non un engagement en demi-teinte, qui aboutira à des résultats mitigés et porter à tort des accusations à ce régime politique vertueux.

Il est plus qu'évident de nos jours que recourir à la démocratie est une chose, mais parvenir à en faire un bon usage avec le respect de ses principes, est une autre chose. Pour ainsi dire, il n'y a pas d'alternative pour aboutir à des résultats probants, à l'instar des pays développés de nos jours. Il faut l'application sans ambages des principes démocratiques notamment, la séparation des pouvoirs (législatives, exécutif et judiciaire) ; la souveraineté du peuple ; l'élection des représentants ; la coexistence de plusieurs partis politiques ; l'égalité des droits ; le respect des libertés (d'expressions, d'associations… etc.) ; la mise en place des projets de société pertinents susceptibles d'engendrer la croissance économique.

Il s'avère également que les sociétés démocratiques protègent les droits des citoyens afin d'exprimer leurs opinions ; elles défendent l'État de droit ; appliquent des règles de gouvernance prévisibles ; organisent des élections compétitives et soutiennent la presse indépendante, explique le Vice-président des études sur la gouvernance à la Brookyn Institution Darell West. Selon lui, la liberté d'expression dans les démocraties stimule la créativité et l'innovation : « *Il y a un environnement aux États-Unis qui permet aux gens de contester l'autorité, de développer des idées qui sortent, des sentiers battus et d'expérimenter finalement d'une manière qui n'est souvent pas possible dans les sociétés autoritaires.* »

1.3- Exemple de pays ayant fait florès grâce à la démocratie à travers le monde

D'après Daron Acemoglu, professeur au Massachusetts Institute of Technology et coauteur d'une analyse de 184 pays de 1960 à 2010, les pays qui ont établi un gouvernement démocratique au cours des 70 dernières années, l'économie a connu une bonne croissance. Selon le rapport, il y a eu une hausse de 20 % du PIB par habitant dans les pays comme le Portugal et la Corée du Sud au cours des deux décennies de démocratisation. Toujours dans le même ordre d'idée, la démocratie au niveau du Portugal et de la Corée du Sud a favorisé la réalisation des réformes clés telles que dans les secteurs de la santé et de l'éducation, selon l'analyse (PDF, 404 RB). Grâce à cette nouvelle démocratie de Corée du Sud, la répression des syndicats s'est estompée.

Pour Joe Biden, « la démocratie en action », c'est un travailleur qui peut adhérer à un syndicat. Ceci, avec une amélioration nettement considérable de son niveau de vie.

En plus, **William Thompson**, chef de la division Eurasie de l'Organisation de la Coopération et de Développement économique (OCDE), évoque le fait qu'en Pologne, en République tchèque et dans les pays baltes, de nombreuses réformes démocratiques ont été lancées dans les années 1990, après l'effondrement du communisme. Ces pays ont mis en place des systèmes juridiques efficaces et ont rejoint l'Union européenne. Ce qui a contribué à doper leur produit intérieur brut (PIB) par habitant. Il poursuit : « *l'attrait magnétique de ces institutions occidentales les a* *incités à mettre de l'ordre dans leurs affaires* ». Pour preuve également, le PIB de la Pologne en 2021 a plus que triplé en dollars par rapport à celui de 1990.

Il est certain que les grandes performances économiques et sociales des pays développés de nos jours tels que : les États-Unis d'Amérique, le Canada, la France, l'Allemagne, la Grande-Bretagne et autres, résultent pour la plupart de la bonne gouvernance due à une véritable démocratie.

S'agissant du continent africain, lorsqu'on s'évertue à faire le lien entre les performances économiques des pays et leur niveau de démocratisation, on constate sans risque de se tromper, que les économies les plus prospères à quelques exceptions près, sont celles des pays ayant opté pour la démocratie comme régime politique.

Pratiquement, si l'on se base sur les données du FMI en 2023, la santé économique des pays en fonction du PIB en dollars courants en Afrique, en l'occurrence ceux comme : le Nigeria, l'Afrique du Sud, l'Algérie, l'Angola, la République démocratique du Congo, les Seychelles, l'île Maurice, le Botswana, le Ghana, l'Éthiopie, le Kenya, la Namibie, la Tanzanie, la Côte d'Ivoire, le Sénégal, etc. ont tous opté pour la démocratie comme régime politique.

En réalité, cette invention de la Grèce antique demeure la recette qui a permis à bien de pays de cette planète de faire florès en termes de développement socio-économique véritable. **Ceci étant, nous sommes persuadés qu'il n'y a pas de raison que la démocratie appliquée dans toute sa plénitude ne puisse pas être un rempart pour sortir nos pays du sous-développement.**

CHAPITRE II :

LA SITUATION PARTICULIÈRE DE LA RÉPUBLIQUE DE GUINÉE

2.1- Présentation

La République de Guinée est un pays dont :
a)**La capitale** : Conakry
b)**La devise** : travail, justice, solidarité.
c)**La date d'indépendance** : le 2 octobre 1958
d)**La monnaie** : le franc guinéen GNF

e)**La superficie** : 245.857 km2

f)**Le nombre d'habitants :** 13.530.000 (2021 selon la Banque Mondiale)

g)**La langue officielle** : Le Français

h)**Date d'adhésion à l'ONU** : le 12 décembre 1958 (82e membre)

2-2- Les armoiries

En ce qui concerne la République de Guinée, les premières armoiries ont été adoptées à l'occasion de l'indépendance, le 2 octobre 1958 et ont été utilisées jusqu'à la mort du premier président, **Ahmed Sékou Touré** en 1984. Dans cette première forme, elles ont été représentées par un l'éléphant d'or passant et contourné, la trompe levée. L'écu a été surmonté d'une colombe volant d'argent, aussi contourné, et tenant dans son bec un petit rameau d'olivier d'argent. Il est entouré à dextre, en pointe et à senestre d'un grand listel d'argent portant, en lettres capitales noires, la devise de la république : « **Travail - Justice - Solidarité** ».

Lorsqu'en 1984, le nouveau président de la République, **Lansana Conté** arrive au pouvoir, il fait adopter de nouvelles armoiries symbolisées, parti de gueules et de sinople, à la branche d'olivier d'or de quatre rameaux : un en chef à dextre étendu en barre ; un en pal brochant sur le parti ; un en chef à senestre étendu en bande ; un en face à senestre en bande. Au fusil et à l'épée d'argent emmanchée d'or posés en sautoir et brochant sur le tout. Au champagne contre-voûtée tiercée en pal de gueules, d'or et de sinople.

L'écu a été surmonté par une colombe d'argent volant devant le chef. Elle tient dans son bec la branche d'olivier qui s'étend sur l'écu. Il est accompagné en pointe d'un listel d'argent portant, en lettres capitales noires, la devise de la république : « Travail - Justice - Solidarité ».

C'est au 23 décembre 1993 que les actuelles armoiries de la République de Guinée ont été adoptées quelques jours après les élections présidentielles démocratiques. Il y a eu une petite modification par le retrait du fusil et de l'épée, remplacés par des olives d'argent sur les rameaux d'or.

Ces armoiries ont été adoptées le 23 décembre 1993 sous la présidence du **Général Lansana CONTÉ.** Ce sont les armoiries de 1984 desquelles ont été retirés le fusil et l'épée et auxquelles on a ajouté des olives d'argent sur les rameaux d'or.

Les armoiries de la République de Guinée sont utilisées à des fins symboliques, cérémonielles, et peuvent être présentes sur des documents officiels, des bâtiments, ou d'autres supports visuels pour représenter l'identité et l'héritage de l'État guinéen.

2-3- Le drapeau

Le drapeau est composé de 3 bandes verticales de même largeur et de couleur rouge (côté de la hampe) jaune et vert.

✓ **Le rouge** : Représente la couleur du sang, symbole de nos martyrs anticolonialistes. C'est la sueur qui coule sur le corps d'ébène des paysans ouvriers et autres travailleurs actifs. C'est la volonté du progrès. Aussi recouvre-t-il parfaitement le premier mot de notre devise : **Travail.**

✓**Le jaune :** Couleur de l'or de la Guinée et du soleil d'Afrique. C'est la source d'énergie, de générosité et d'égalité pour tous les hommes qu'ils éclairent de la même manière. Aussi se confond-il parfaitement avec le deuxième mot d'ordre de la devise nationale : **Justice.**

✓**Le vert :** Couleurs de la végétation africaine. 85 % des habitants sont des paysans vivant dans la campagne, toujours couverte d'un manteau vert. Il symbolise la prospérité qui proviendra sûrement des immenses richesses du sol et du sous-sol, aussi que la vie pénible des masses paysannes de notre pays. Aussi confirmera-t-il la signification du troisième mot d'ordre de la devise nationale : **Solidarité**

2-4- L'hymne national : Liberté

L'hymne national de la République de Guinée a été officiellement adopté depuis l'indépendance en 1958. À l'origine, c'est un chant qui a été prononcé à la conférence des notables du Fouta pour glorieusement accueillir Alpha Yaya Diallo en 1904. Puis, il a été adapté par l'ancien ministre Fodéba Keita, pour ensuite être réadapté par Elhadj Djély Mamoudou Kandé.

Cependant, la première mélodie n'a pas perdu sa tonalité ; car, elle a fait l'objet d'une transcription en langue française. Voici, les lyrics de ces paroles :

"Peuple d'Afrique !
Le Passé historique !
Que chante l'hymne de la Guinée fière et jeune
Illustre épopée de nos frères
Morts au champ d'honneur en libérant l'Afrique !
Le peuple de Guinée prêchant l'unité
Appelle l'Afrique.
Liberté ! C'est la voix d'un peuple
Qui appelle tous ses frères de la grande Afrique.
Liberté ! C'est la voix d'un peuple
Qui appelle tous ses frères à se retrouver.

Bâtissons l'unité africaine dans l'indépendance recouvrée.

Le tout premier gouvernement de la Guinée indépendante en 1958

CHAPITRE III

ÊTRE UN BON CITOYEN GUINÉEN

De prime abord, le citoyen guinéen est toute personne ayant la nationalité guinéenne. Tous les citoyens guinéens sont égaux devant la loi et jouissent des mêmes droits. Ils sont soumis aux mêmes obligations, sans distinction de sexe, de race, de couleur, d'ethnie, de religion.

3-1 Les droits du citoyen guinéen.

À l'instar de tout autre citoyen dans le monde, les droits du citoyen guinéen sont des prérogatives et avantages que lui reconnaissent les lois de notre pays, dans ses relations avec les autres citoyens ou avec l'Etat ou les pouvoirs publics. Il a des droits qui lui sont reconnus par la loi guinéenne et qui sont destinés à assurer son plein épanouissement et sa participation à la vie sociale, économique, politique et culturelle de notre pays.

Il est très important de retenir que les principaux droits reconnus aux citoyens guinéens sont de plusieurs ordres qui peuvent être regroupés par catégorie à savoir : Les droits civils ; les droits politiques ; les droits économiques, sociaux, culturels ; les droits de solidarité ou droits collectifs.

3-1-1- Les droits civils

Ils désignent des droits reconnus à la personne humaine dans ses relations privées avec les autres personnes humaines, en famille ou dans la société. Ces principaux droits sont :

✓Le droit à la vie ;

✓Le droit à l'enregistrement de sa naissance ;

✓Le droit à la nationalité ;

✓La liberté de consentement de l'homme et de la femme pour le mariage ;

✓Le droit à la liberté ;

✓Le droit à l'égalité ;

✓Le droit à l'égale protection de la loi ;

✓Le droit à la dignité ;

✓Le droit à la sûreté de sa personne ;

✓Le droit à l'intégrité physique ;

✓La liberté d'aller ou de venir, y compris la liberté de quitter son pays ou d'y revenir ;

✓Le droit de ne pas être tenu en esclavage ;

✓Le droit à la vie privée et l'inviolabilité de la famille et du domicile et le droit au secret de la correspondance ;

✓Le droit de penser, de conscience et de religion ;

✓La liberté d'association et de réunion ;

✓La liberté d'expression et d'opinion ;

✓La liberté de presse ;

✓Le droit à la présomption d'innocence

✓Le droit à un procès équitable ;

3-1-2- Les droits politiques :

Ce sont les droits reconnus à tout citoyen guinéen pour lui permettre de participer à la vie politique de notre pays. Ce sont, entre autres :

✓Le droit de voter et le droit d'être élu ;

✓Le droit de participer à la gestion des affaires de l'État et des collectivités territoriales dont il relève ;

✓La liberté de formation des partis politiques ;
✓Le droit à l'égal accès à la fonction publique ;
✓Le droit de pétition ;
✓Le droit d'organiser des réunions et des manifestations pacifiques ;

3-1-3- Les droits économiques, sociaux et culturels.

Il s'agit des droits qui garantissent l'épanouissement social, intellectuel et culturel de l'individu dans la société. Avec les droits civils et politiques, ils constituent les droits fondamentaux de la personne humaine. Parmi ces droits économiques, sociaux et culturels du citoyen, on peut mentionner :

✓Le droit de tout citoyen au travail ;
✓Le droit de tout citoyen de jouir de conditions de travail justes et favorables ;
✓La liberté syndicale qui comprend le droit à toute personne de former avec d'autres des syndicats ou d'adhérer à un syndicat ;
✓Le droit à un niveau de vie suffisant pour soi et pour sa famille qui comprend le droit à l'alimentation, le droit au logement, le droit à l'habillement et le droit d'être à l'abri de la faim ;
✓Le droit à la santé qui implique l'accès aux services médicaux de base, l'accès aux médicaments de qualité, la lutte contre les maladies graves et le droit de jouir de meilleur état physique et mental ;
✓Le droit de propriété ;
✓La liberté d'entreprise, de commerce et d'industrie ;
✓Le droit à la sécurité sociale ;
✓La liberté de création artistique et technique ;
✓Le droit de propriété intellectuelle ;
✓Le droit de participer à la vie culturelle, de bénéficier du progrès scientifique et de ses applications.

3-1-4- Les droits de solidarité ou droits collectifs ou encore la 3e génération des droits de l'Homme.

Ils sont nommés « droits de solidarité » parce qu'ils exigent une solidarité effective de tous les États et de tous les individus pour leur plein épanouissement. Ils comprennent, entre autres :

✓Le droit à l'autodétermination politique, économique et culturelle qui implique l'indépendance politique, le libre choix du régime politique, du système économique et de vie culturelle ;

✓Le droit des peuples à la libre disposition de leurs richesses et ressources naturelles ;

✓Le droit à la paix et à la sécurité ;

✓Le droit à un environnement sain ;

✓Le droit au développement ;

De gauche à droite : la ministre Dre Zalikatou DIALLO, Dr Vincent Martin (Ex-Coordinateur du Système des Nations unies en Guinée), le Président de la République de Guinée, le Professeur Alpha CONDÉ, Dr Patrice VAHARD (Ex-Représentant du Haut-Commissariat des Nations Unis aux Droits de l'Homme en Guinée), lors de la 3e Conférence Internationale sur le Droit au Développement (Dialogue Herman Santa CRUZ), le 13 juillet 2021 à Conakry.

A-Les modalités d'exercice des droits des Guinéens :

À l'image de tous les citoyens du monde entier, ceux de Guinée doivent exercer librement leurs droits qui leur sont reconnus conformément aux textes de loi en vigueur. En cas de violation de leurs droits, les citoyens guinéens disposent de mécanismes permettant de faire constater, cesser, sanctionner le(s) auteur(s) et même d'obtenir réparation.

Ils peuvent ainsi :

➢Saisir une autorité administrative (brigade de gendarmerie, commissariat de police, préfet, ministère ou institutions concernés, ministère en charge des droits de l'homme, Inspection du travail et autres) en formulant une plainte ou une réclamation ;

➢Saisir les autorités judiciaires (Procureur de la République, tribunaux.) ;

➢Alerter la presse, les syndicats, les ONG, mouvements et associations de défense des droits de l'Homme.

➢Aucun citoyen guinéen ne doit recourir à la justice privée pour sanctionner lui-même les violations de ses droits, car dans un État de droit, nul ne peut se rendre justice soi-même.

B-Les obligations de l'État en matière de respect des droits et libertés

L'État est le garant des droits et libertés des citoyens et à ce titre, il a trois types d'obligations qui sont : **l'obligation de respecter, l'obligation de protéger et l'obligation de mettre en œuvre :**

✓L'obligation de respecter

Elle signifie une abstention de l'État, qui implique que dans son intervention, il doit veiller à ne pas entraver l'exercice des droits et des libertés.

✓L'obligation de protéger

Elle signifie que l'État a l'obligation de protéger les individus contre les abus que pourraient commettre les acteurs étatiques et non étatiques.

✓**L'obligation de mettre en œuvre :**

Tout comme l'obligation de protéger, elle signifie que l'État est tenu de mener une action positive pour assurer l'exercice des droits et libertés.

Cela signifie que l'État est obligé de créer les conditions nécessaires à la jouissance réelle des droits et libertés.

3-2- Les devoirs du citoyen guinéen et la participation citoyenne

Les devoirs du citoyen guinéen désignent les obligations que la loi impose dans ses relations avec les autres citoyens ou avec l'État ou les pouvoirs publics. Ils sont, en quelque sorte, la contrepartie des droits qui lui sont reconnus.

Cette partie traite des principaux devoirs du citoyen guinéen ainsi que la participation citoyenne, dont la panoplie d'effets bénéfiques ne pourrait que mener la Guinée à une véritable cohésion sociale, la paix durable, condition sine qua non d'un développement socio-économique véritable et irréversible.

3-2-1- Quels sont les principaux devoirs du citoyen guinéen ?

Il est très important que tout citoyen guinéen comprenne qu'il n'a pas que des droits, mais il a aussi des devoirs envers les autres citoyens, sa famille, la société et l'État. Les principaux devoirs du citoyen sont :

➢**Le devoir de respecter la Constitution et la loi ou devoir de civisme :**

Les citoyens doivent respecter la Constitution et les lois pour les raisons suivantes : d'abord, les citoyens sont au moins indirectement les auteurs des lois. Les différentes constitutions de notre pays mentionnaient que la souveraineté nationale appartient au peuple qui l'exerce par ses représentants (exemple : les députés) et par la voie du référendum. Les citoyens sont à l'origine des lois en vigueur en Guinée. Dans ces conditions, ils ont l'obligation de les respecter dans leur vie quotidienne.

Ensuite, les citoyens sont obligés de respecter les lois afin de permettre une vie en société organisée et d'éviter le développement « **de la loi du plus fort**». **L'obligation pour tous les citoyens de respecter les lois est la meilleure assurance que la liberté, les droits et la sécurité de chacun d'eux soient garantis de manière effective**.

Il est évident que le non-respect de la loi constitue toujours une faute qui, le cas échéant, peut conduire à des sanctions administratives ou pénales.

➢**Le devoir de respecter les droits des autres citoyens et des autres individus :** Chaque citoyen guinéen a l'obligation de respecter les droits des autres qui sont identiques aux siens. La conduite des droits par chaque individu n'a de limite que celle qui assure aux autres membres de la société la jouissance de ses mêmes droits. Ainsi, un citoyen a droit au respect de sa vie privée et doit scrupuleusement respecter celle des autres.

De même, il ne doit pas empêcher quelqu'un de s'exprimer librement au nom de la supériorité supposée de ses propres idées. Il doit respecter la liberté des autres, témoigner et leur porter assistance.

En d'autres termes, le citoyen doit faire preuve de civisme et de civilité.

La capacité à apporter assistance à une personne en détresse, le respect d'autrui, la politesse, la courtoisie, sont des éléments fondamentaux pour une parfaite citoyenneté. Pratiquement ses qualités doivent habiter tout citoyen guinéen responsable.

➢**Le devoir de défendre la patrie et l'intégrité du territoire en toutes circonstances :**

Lorsqu'il y a des velléités sécuritaires à l'encontre du territoire national, tous les citoyens guinéens doivent se lever immédiatement pour défendre la patrie.

➢**Le devoir de respecter l'autorité et les institutions républicaines :**

Toutes les institutions républicaines, notamment la Présidence de la République, le Gouvernement, la Justice, l'Assemblée nationale, la Cour constitutionnelle et autres qui incarnent la nation, méritent appropriation et respect de la part de tous les citoyens. Aussi, les autorités régulièrement élues ou nommées qui ont la charge de diriger ces institutions doivent être considérées comme les mandataires du peuple.

À ce titre, les citoyens leur doivent obéissance et respect dans le cadre de l'exercice de leurs fonctions ou mandats.

➢**Le devoir de payer les impôts et taxes :**

Il est important de savoir que l'impôt est le prélèvement obligatoire effectué par la puissance publique (État, collectivité locale), sur les ressources des personnes vivant sur son territoire ou y possédant des intérêts, destinés à couvrir les charges publiques (construction d'infrastructures, écoles, routes, hôpitaux, bâtiments administratifs, édifices publics). Les citoyens sont normalement obligés de déclarer leurs revenus au fisc et de payer régulièrement les impôts et taxes pour permettre à l'État d'assurer le bon fonctionnement des services publics et la jouissance des droits.

➢**Le devoir de respecter les biens publics :**

La pertinence du respect de ce devoir retient particulièrement notre attention dans la mesure où, les édifices publics font souvent les frais du moindre mécontentement de certains citoyens qui les vandalisent à la moindre incartade.

Or, l'importance des biens publics rend obligatoire leur protection et d'en faire un bon usage. Les citoyens doivent vivre à les conserver en l'état et toute atteinte doit faire l'objet de sanctions. Par exemple, la destruction des édifices publics, les dégradations des voies publiques, la destruction des feux sémaphoriques, des panneaux solaires, des bus pour le transport en commun, même les trains suite à des manifestations, sont passibles de sanctions judiciaires. Le respect des biens publics est une preuve éloquente de citoyenneté responsable.

➢**Le devoir de protéger et de promouvoir l'environnement :**

Un devoir d'une impérieuse nécessité, émanant de chaque citoyen vu les effets néfastes du changement climatique sur la planète. Il est également important de noter que les richesses naturelles de la terre ne sont pas illimitées et certains comportements, qu'ils soient le fait d'individus (surconsommation d'énergie ou d'eau, sachets jetés dans la nature, la déforestation…) ou d'entreprises (pollution) les mettent en danger, avec comme conséquence la dégradation de l'environnement, le changement climatique.

3-2-2- La participation citoyenne

3-2-2-1- Qu'est-ce que la participation citoyenne ?

Nous pouvons la définir comme étant un engagement obligatoire ou facultatif de personnes agissant seules ou au sein d'une organisation, en vue d'influer positivement sur la vie de leur communauté. Pour ainsi dire, la participation citoyenne est une pratique démocratique qui consiste à associer les citoyens au processus de décision politique, même en dehors des grands rendez-vous électoraux. Il s'agit de démarches participatives permettant aux citoyens non experts de donner un avis et de formuler des propositions sur des projets de réformes, des politiques publiques ou encore des sujets de controverses qui appellent la construction d'un consensus. Elles sont un moyen d'impliquer les citoyens dans la construction des politiques publiques en tenant compte de la diversité de leurs opinions et de leurs attentes.

Pratiquement, chaque citoyen est concerné par les politiques publiques, notamment la santé, la sécurité, l'éducation, le travail, l'alimentation ou tout autre impact dans sa vie quotidienne. Ainsi, chacun peut participer à une concertation, apporter son point de vue, son expérience sur un sujet exprimé et conforter ses convictions, construire un diagnostic partagé et des solutions communes.

Ensuite, il est nécessaire de mentionner que la participation citoyenne peut être individuelle, (par exemple : le vote) ou collective (pétition, recours collectif, manifestations pacifiques, comités de citoyens, etc.)

3-2-2-2- Quelques formes de participation citoyenne

Il y a plusieurs manières d'exercer sa citoyenneté :

a) La participation conventionnelle qui se manifeste par le vote, par l'adhésion à un syndicat, à un parti politique, par l'intérêt porté au débat politique, par l'exercice du droit de pétition… etc.

b) La participation protestataire qui consiste à prendre part activement à des actions collectives pacifiques de protestation (marche, sit-in, etc.)

c) La participation active à l'embellissement de son pays, de sa ville, de sa commune et de son quartier ;

d) L'appui de la bonne politique de son Chef d'État, de son gouvernement, de son maire et de son chef de quartier.

CHAPITRE IV

MES RECOMMANDATIONS ET PROPOSITIONS CONCRÈTES

Après moult réflexions concernant l'évolution de notre pays la Guinée, je suis finalement de ceux qui estiment qu'après plus de 65 ans d'indépendance, le niveau de développement socio-économique atteint contraste nettement avec ces gigantesques ressources naturelles octroyées grâce à une générosité divine considérable. Tout porte à croire que les résultats enregistrés sont nettement en deçà des attentes, en témoignent les réalités tangibles et les indicateurs de performances économiques des institutions spécialisées en matière d'aide au développement et autres.

En dépit des efforts déployés par les gouvernements successifs, force est de constater que l'histoire de notre pays a connu des périodes tumultueuses, avec des successions de crises, voire des conflits qui ont mis la cohésion sociale, la paix et la stabilité politique à rude épreuve, avec tous ces corollaires. Ceci, en termes d'instabilité politique chronique, de multiples contradictions de nature à entrainer une certaine déchirure dans le tissu social, de même que la précarisation progressive des conditions de vie de la majeure partie des populations, entraînant l'exode rural prononcé et l'accroissement du nombre de candidats à l'émigration. Bien entendu, pour la plupart, pour des raisons économiques, politiques et autres.

De tout ce qui précède, je me fais le devoir de formuler des recommandations et des propositions qui, à mon humble avis, pourraient contribuer à davantage sonner le tocsin pour l'arrêt de ces dérives qui constituent parfois à notre propre insu, les véritables étiologies des tourments qui nous assaillent et freinent le développement socio-économique véritable et harmonieux de notre pays.

4-1- AU TITRE DES RECOMMANDATIONS :

Nous n'insisterons jamais assez sur le respect scrupuleux des rôles et des devoirs qui incombent à chacun en ce qui le concerne, notamment les gouvernants et les gouvernés.

4-1-1- A l'intention de tous les citoyens guinéens :

Un véritable sursaut patriotique en vue du changement de certaines mentalités qui sont de nature à freiner le véritable développement de notre pays. Ainsi, en tant que bons citoyens guinéens, nous devons :

- Aimer davantage la Guinée ;
- Toujours être fier d'être guinéen partout où nous sommes ;
- Prôner la paix et la cohésion nationale en tout lieu et toutes circonstances ;
- Contribuer à la protection effective du patrimoine national, y compris les édifices publics en cas de manifestations et autres ;
- Respecter scrupuleusement les symboles de l'État. ;
- Respecter les lois de la République et exhortez ses semblables à le faire ;
- Respecter sa vie et celle des autres de manière courante.

➢Protéger l'environnement de notre pays et sensibiliser son entourage et autre à en faire idem ;

➢Payer ses impôts et taxes ;

➢Contribuer éminemment à l'amélioration de son cadre de vie ;

➢Participer activement et constamment aux travaux de salubrité publique ;

➢Ne jamais céder à la tentation de la vindicte populaire et laisser aux autorités judiciaires le rôle de juger et condamner le citoyen fautif ;

➢Prendre le soin d'inculquer ses valeurs aux enfants en famille, dès le bas âge, de même que les enseignants doivent le faire à l'école. Cette synergie d'actions pourrait donner lieu à de nombreux enfants, futurs adultes ayant ces qualités incrustées jusque dans leur subconscient, pour le bien de toute la nation guinéenne ;

➢Éviter et proscrire tout discours de haine d'incitation à la violence, de division, de même que tout autre comportement de basse moralité ou contraire à la morale ;

➢Veiller à une meilleure éducation des enfants dans les familles depuis le bas âge, en leur inculquant la culture du travail, pour faciliter leur réussite scolaire et universitaire ;

➢Aux femmes, œuvrer pour le maintien des filles à l'école, faire leur éducation sexuelle en vue de prévenir les grossesses non désirées ; éviter les mariages précoces et/ou forcés ; mettre un terme aux sempiternels problèmes liés aux mutilations génitales féminines (MGF).

➢Suivre les recommandations sanitaires liées à la santé de la reproduction pour réduire considérablement la mortalité maternelle et infantile ;

➢Prendre part systématiquement aux campagnes de vaccination des enfants afin de réduire complètement les maladies évitables par la vaccination, de même que le respect des mesures d'hygiène pour la santé et le bien-être ;

➢Respecter scrupuleusement les mesures d'hygiène à tous les niveaux, dans le but d'améliorer la santé des populations ;

➢Suivre les recommandations liées à l'allaitement maternel exclusif pendant les 6 premiers mois, pour permettre aux enfants de bénéficier amplement des bienfaits du lait maternel sur leur croissance et assurer la diversification alimentaire telle que recommandée par les médecins afin de prévenir la malnutrition et le retard de croissance chez les enfants. Ceci étant, nous aurons des enfants avec un quotient intellectuel appréciable et de futurs adultes bien formés, avec pour valeur ajoutée des ressources humaines guinéennes de qualité.

➢Choisir le président de la République sur des bases les plus objectives possibles et éviter les considérations subjectives. En d'autres termes, adhérez aux partis politiques et accorder les suffrages lors des élections en fonction du projet de société des candidats et non sur la base communautaire religieuse et autres.

➢Toujours élire les candidats en fonction de leurs compétences, leur probité morale, leur patriotisme, leur parcours appréciable, étayé d'une expérience avérée en ce qui concerne la gestion de l'État, dans les institutions internationales publiques ou privées, etc.

4-1-2- A l'intention des dirigeants guinéens.

En plus de ce qui figure dans vos projets de société, je vous suggère ce qui :

A priori, le Président de la République, le Premier ministre et le gouvernement doivent tout mettre en œuvre pour l'accomplissement effectif de leur mission, confiée par le peuple de Guinée, afin de mener à bien la politique du pays et d'organiser la vie de la nation. Ceci étant, répondre aux attentes des populations Guinéennes consiste à trouver des solutions idoines à un faisceau de problèmes à la fois multiples et complexes dans la mesure où les défis liés au développement socio-économique sont loin d'être une mince affaire. C'est pour cette raison qu'en plus du contenu de vos projets de société, je vous suggère humblement ce qui suit.

- **Au point de vue mode de gouvernance**

➢ Respecter scrupuleusement la Constitution et être aux antipodes de tout parjure.

➢ Choisir la véritable démocratie avec le respect de tous ses principes comme régime politique

➢ Une fois élu, privilégier l'intérêt supérieur de la nation guinéenne en toutes circonstances et surtout, proscrire l'égo minime ou surdimensionné ;

➢ Respecter tous les symboles de l'État : La Constitution et les lois, défendre l'intégrité territoriale et représenter dignement la Guinée au plan international.

➢ **Avoir toujours pour tremplin la triade : bonne gouvernance éthique-transparence ;**

➢ Lutter énergiquement contre la corruption sous toutes ses formes.

➢ Opter pour l'organisation à temps d'élections libres, crédibles et transparentes, toujours avec un organe indépendant pour accroître la confiance au niveau des acteurs politiques ;

➢ Mettre en œuvre sans ambages, les politiques et programmes de développement tels que mentionnés dans les projets de société au cours de la campagne électorale, dans la mesure où, l'accès à la magistrature suprême a été favorisé par l'immense espoir suscité par les promesses de campagne.

➢ Poursuivre l'heureuse initiative du Professeur Alpha Condé relative à la prise en compte par l'Assemblée nationale de la position de chef de file de l'opposition.

➢ Respecter et consolider le pouvoir des institutions républicaines, principalement l'appareil législatif et judiciaire, tout en respectant la séparation des pouvoirs.

➢ Initier des programmes pertinents relatifs à la promotion de l'entrepreneuriat féminin et de celui des jeunes et créer des conditions propices à la mise en œuvre de leurs projets de création d'entreprises dans tous les secteurs porteurs de croissance.

➢ Mettre en place de meilleures stratégies en matière d'emploi des jeunes pour inverser la tendance à l'immigration clandestine et la fuite des cerveaux.

➢ Mettre en place des mécanismes de suivi et d'évaluation réguliers sur l'évolution de la courbe du chômage en Guinée.

➢ Initier des programmes efficaces pour les investissements et susciter le retour au bercail de nos compatriotes et personnes ressources de la Diaspora Guinéenne établie à l'étranger.

➢ Revoir à la hausse les rémunérations des employés de la fonction publique pour leur permettre de mener dignement leur existence sans trop d'anicroches. Les commis de l'État à l'abri du besoin, pourraient contribuer à améliorer la bien séance en matière de gestion des deniers publics, minimisant ainsi les multiples tentations aux conséquences infamantes. De ce fait, les autorités pourront mieux sécuriser les recettes et faire respecter la rigueur dans la gestion des biens publics.

➢ Initier des politiques et programmes en faveur des fonctionnaires, avec la mise en place de fonds leur permettant de se doter de logements décents, de soins de qualité et autres par exemple, sans avoir recours à des pratiques malsaines au détriment de l'escarcelle de l'État. **J'insiste sur cet aspect dans la mesure où, tous les Guinéens ont droit au bien-être sans exclusif. De la sorte, autant l'État a l'obligation de sévir contre les**

malversations financières et détournements de deniers publics, autant il a le devoir de créer les conditions pour l'amélioration du pouvoir d'achat de ses employés et des populations entières. Je suis parfaitement d'avis avec ce proverbe guinéen qui dit « lorsqu'on *dit à la souris d'arrêter, on doit dire au ''soumbara'' aussi de cesser de sentir mauvais* ».

➢ Veiller au respect et revoir constamment à la hausse suite à l'inflation, le SMIG (salaire minimum interprofessionnel garanti) dans le pays.

- **Veillez considérablement au renforcement de l'État de droit :**

Ceci avec :

➢ Le respect des libertés fondamentales, des droits humains, de la liberté d'expression et de la presse privée

➢ Continuer et renforcer la coopération avec les mécanismes onusiens des droits de l'homme et veiller au grain pour que la Guinée, soit à jour, en ce qui concerne les rapports périodiques. Ces mécanismes sont entre autres :

- Le Conseil des droits de l'homme, avec l'Examen périodique universel (EPU), tous les 5 ans ;
- Les procédures spéciales, de même que ;
- Les organes conventionnels.

Il est important de mettre un accent particulier sur ces organes conventionnels qui permettent aux États membres de mesurer leurs responsabilités en matière de droits de l'Homme à travers notamment, des recommandations prises sur la base de l'évaluation des avancées et des carences dans le respect de leurs obligations en matière de droits de l'Homme. L'EPU érige ainsi la coopération « entre les États et les autres parties prenantes », en véritable moteur de « l'amélioration de la situation des droits de l'Homme sur le terrain » et du renforcement de leur promotion et de leur protection. (CNC-DH, les droits de l'Homme en France 2017-2021. Rapport DF ; p18).

De surcroît, il est à noter que ces organes conventionnels prévoient l'existence de différents comités chargés de veiller au respect des dispositions des principaux traités internationaux relatifs aux droits de l'Homme conclus dans le cadre des Nations-Unies, de même qu'aux éventuels protocoles additionnels. À rappeler qu'il existe de nos jours, neuf (9) organes de traités connus sous leur acronyme en anglais.

- **Dans le cadre de la paix durable**

➢ Œuvrer pour l'instauration d'une culture de paix en introduisant l'éducation pour la paix, la prévention et la résolution des conflits à tous les niveaux d'éducation et pour tous les groupes d'âge. Initiative qui pourrait contribuer efficacement à l'avènement d'une paix durable en Guinée.

➢ Promouvoir et privilégier le dialogue pour régler tout différend dans le pays.

➢ Mettre en œuvre le projet de la cohésion sociale et de la réconciliation nationale en Guinée, toujours dans le but de l'instauration d'une véritable paix durable.

➢ Renforcer les institutions et favoriser l'alternance démocratique avec le passage pacifique du pouvoir, de même que la promotion d'une démocratie apaisée.

- **Dans le cadre des droits sociaux, économiques et culturels**

➢ Élaborer et mettre en œuvre des politiques et programmes efficaces en faveur des couches vulnérables de la société guinéenne, à savoir : les femmes, les jeunes, les enfants, les personnes porteuses de handicap et les personnes âgées ;

➢ Accélérer le processus qui mène à la parité et à l'équité en genre ;

➢ Continuer et renforcer les initiatives et entrer à la prospérité partagée tels que : L'Agence Nationale d'Inclusion Économique et Sociale (ANIES) et l'Agence

Nationale du Financement des Collectivités Locales (ANAFIC) pour le développement local.

➢ Ne pas hésiter à capitaliser certains acquis très bénéfiques en matière de lutte contre la pauvreté et l'extrême pauvreté, similaires à ceux du Rwanda. Il s'agit notamment, de la méthode relative à la classification de toute la population par catégorie, selon les revenues. Puis, procéder à l'assistance financière et à l'accompagnement des bénéficiaires dans leurs activités génératrices de revenus jusqu'à l'amélioration de leur condition de vie à travers l'augmentation progressive et substantielle de leurs revenus.

- **Au niveau de la santé :**

➢ Mettre en place un système de santé efficace et performant, grâce au respect des recommandations de l'Union africaine relative à la déclaration d'Abuja de 2001, où les États membres se sont engagés à allouer, 15 % de leur budget gouvernemental à la santé ;

➢ Une politique rationnelle de répartition géographique équitable du personnel médical dans tous les districts sanitaires du pays avec le respect du ratio normal en matière de couverture sanitaire de la population ;

➢ Soulager les Guinéens avec **le système d'assurance-maladie universelle**, des infrastructures sanitaires et des soins de santé de qualité. Aussi, une politique de sécurité sociale efficace pour une meilleure prospérité partagée.

- **Au niveau de l'éducation**

➢ Une allocation budgétaire substantielle au moins de 6 % du PIB au secteur de l'éducation en vue de l'atteinte des résultats escomptés en matière d'enseignement de qualité à tous les niveaux : enseignement supérieur et recherche scientifique, enseignement technique et formation professionnelle avec surtout une parfaite adéquation avec le monde du travail et le marché de l'emploi ;

- L'école obligatoire et gratuite pour tous les enfants en âge d'être scolarisé ;
- Une politique relative au déploiement équilibré du personnel enseignant sur toute l'étendue du territoire national avec des primes d'incitations substantielles et de meilleures rémunérations salariales ;
- Renforcer l'enseignement de la langue anglaise et les principales langues étrangères ;
- Lancer des programmes d'alphabétisation pour réduire considérablement l'analphabétisme ;
- Accroître l'exploitation de la capacité des technologies de l'Information et de la Communication (TIC), en vue d'améliorer l'accès, la qualité de l'éducation et de la formation, ainsi que la gestion des systèmes éducatifs ;
- Revitaliser la profession enseignante dans le but d'accroître la qualité de la formation à tous les niveaux.
- Veiller à l'amélioration des conditions de vie de nos étudiants boursiers à l'étranger pour l'image du pays, mais surtout leur permettre d'être à l'abri du besoin et mieux se consacrer à leur formation.
- Promouvoir l'organisation de cérémonies solennelles de remises de diplômes à tous les échelons des cycles scolaires et universitaires dans le but d'accroitre la motivation des élèves et étudiants ;
- **Initier des lettres de félicitations émanant du Président de la République de Guinée, adressées à tous les majors de classe ou de promotion après les examens à tous les niveaux**
- Exhorter la Première Dame de la République à s'impliquer dans les cérémonies de graduation des filles à tous les niveaux, pour davantage encourager leur maintien

à l'école et contribuer à lutter contre les grossesses non-désirées et les mariages précoces

- **En ce qui concerne le pouvoir judiciaire :**

➢ Mettre tout en œuvre pour redorer le blason de la Justice guinéenne et garantir son indépendance avec à la clé, un système judiciaire fiable, avec tous ses effets bénéfiques en matière de culture sociale et aussi rassurer les investisseurs nationaux et étrangers ;

➢ Veiller au respect par la Guinée de tous les instruments juridiques internationaux signés et ratifiés, avec leur domestication dans les lois nationales. Ces conventions et traités internationaux étant un véritable levier, pour non seulement un développement économique harmonieux et équilibré des États-parties, mais aussi un véritable garant du respect des droits humains et des principes démocratiques.

- **Dans le cadre de l'accélération de la croissance économique**

➢ Privilégier dans le budget national les secteurs porteurs de croissance : agriculture, industrie, exploitation minière, etc.

➢ Poursuivre l'exploitation de nos ressources naturelles en veillant au grain, aux conditions mutuellement avantageuses, au bénéfice de notre nation, avec le respect des codes dédiés à cet effet.

➢ Mettre un accent particulier sur le passage de la phase d'extraction à celle de transformation de nos ressources naturelles sur place, beaucoup plus avantageux en termes de valeur ajoutée pour l'économie du pays.

➢ Promouvoir le développement de la chaîne de valeurs agricoles pour une meilleure rentabilité au niveau des différentes filières.

➢ Soutenir les petites et moyennes entreprises (PME) locales.

- ➢ Renforcer le partenariat public-privé à tous les niveaux des secteurs de l'économie nationale.
- ➢ Encourager l'entrepreneuriat privé en finançant conséquemment les initiateurs des projets locaux bénéfiques aux populations guinéennes.
- ➢ Encourager et favoriser la participation effective de la diaspora guinéenne au développement socio-économique de la Guinée, tant dans le secteur privé que dans leur prise en compte suffisante, régulière et optimale lors des nominations, au niveau de l'administration du pays, des élections législatives et autres. Ceci pourrait permettre la capitalisation des multiples expériences acquises ailleurs au bénéfice de la Guinée.
- ➢ Œuvrer sans relâche au renforcement des capacités techniques, institutionnelles et organisationnelles, à tous les niveaux de l'administration.
- ➢ Valoriser la culture du mérite en récompensant le travail bien accompli.

- **Au niveau de la diplomatie**

- ➢ Mener à bien une offensive diplomatique tous azimuts, afin de booster la coopération internationale entre la Guinée et ses partenaires, bi et multilatéraux, avec des dividendes substantiels aux bénéfices du pays. Stratégie bienveillante qui pourrait également étayer l'influence de la République de Guinée sur l'échiquier sous-régional, régional et international.
- ➢ Susciter le plus que possible les candidatures de la République de Guinée comme (I) siège d'institutions internationales ; (II) pour abriter de nombreuses rencontres internationales, (les infrastructures étant mises à présent, grâce à l'initiative salutaire de l'ancien Président, le Professeur Alpha Condé) ; (III) soumettre la candidature de notre pays comme membre Non-permanent du Conseil de Sécurité de l'Organisation des Nations-Unies (ONU).

Bien évidemment, le Conseil de sécurité, l'un des six (6) principaux organes de l'ONU, qui est chargé du maintien de la paix et de la sécurité internationale. Il est composé de 15 États membres, dont 5 permanents (Mamady Traoré, Présidence Guinéenne du Conseil de sécurité de l'ONU, mars 2003, p17, l'Harmattan Guinée)

À noter que notre dernière présence au niveau de ce Conseil remonte à 21 ans.

Pour rappel, notre pays, la Guinée a eu deux participations comme membre non permanent du Conseil de sécurité de l'ONU :

- **1972-1973** : avec **SEM Jeanne Martin CISSÉ**, Ambassadrice Représentante permanente de la Guinée à l'ONU, qui **fut la première femme au monde à présider le Conseil de Sécurité de l'ONU**. À cette occasion, la « *consécration de la République de Guinée sur la scène internationale viendra avec son élection en qualité de membre non permanent du Conseil de sécurité des Nations unies pour le Biennium 1972-1973* ». « *À cette heureuse occasion, une impulsion particulière est donnée pour renforcer le soutien aux mouvements de libération par la création du Comité de décolonisation qui s'est beaucoup focalisé sur la lutte anti-apartheid en Afrique du Sud et le Comité pour la défense des droits inaliénables des peuples palestiniens, entre autres* » (El. Mamadou Falilou BAH et El Boubacar DIALLO : La politique étrangère de la République de Guinée de 1958 à nos jours. p76, 76)
- **2002-2003** : avec **SEM Mamady TRAORÉ**, Ambassadeur Représentant Permanent de la Guinée, qui a présidé le Conseil de Sécurité de l'ONU au mois de **mars 2003**. D'après bien d'observateurs, la Guinée a entretenu et maintenu des contacts étroits à travers sa participation équilibrée et permanente aux sessions des organisations internationales. Une mention particulière doit être faite de l'élection de la Guinée en qualité de membre non

permanent du Conseil de Sécurité des Nations-Unies pour le biennium 2002-2003. Ceci, au moment de l'invasion unilatérale de l'Irak pour cause de détention d'armes de destruction massive par les États-Unis d'Amérique et la Grande-Bretagne. (El. Mamadou Falilou BAH et El Boubacar DIALLO : La politique étrangère de la République de Guinée de 1958 à nos jours, p88, 89, Harmattan Guinée)

Étant entendu que lors de son premier passage au cours de la Première République, la Guinée avait pour président Feu **SEM Ahmed Sékou TOURÉ**, père de l'indépendance (1958-1984) et SEM Fily Cissoko comme ministre des Affaires étrangères.

Au cours du 2e passage pendant la 2e République, la Guinée était présidée par le Feu **Général Lansana CONTÉ (1984-2008)** et SEM **François Loucény FALL** était le ministre des Affaires étrangères. C'est le lieu de féliciter toutes ces personnalités qui n'ont rien ménagé à l'époque, pour le rayonnement de la diplomatie guinéenne sur la scène internationale.

Aussi, nous devons nous réjouir de l'élection du Président guinéen d'alors, le **Professeur Alpha CONDÉ**, à la tête de l'Union Africaine pour l'année 2017. Présidence tournante au cours de laquelle, de nombreuses initiatives ont vu le jour, notamment le financement de l'UA par les États membres eux-mêmes. Le **Professeur Alpha CONDÉ** estima que « si nous voulons un partenariat d'égal à égal avec nos partenaires stratégiques, il faut que l'Afrique, pour sa propre crédibilité soit en mesure de financer ses programmes et projets initiés dans le cadre de l'agenda 2063. Il a demandé ainsi, le prélèvement de 0,2 % sur les importations des produits éligibles afin de faire face au déficit budgétaire chronique de l'organisation. Prélèvement qui est appliqué par la majeure partie des États de nos jours. De surcroît, le **président Alpha CONDÉ** a initié la désignation des champions dans le but d'accélérer la mise en œuvre des décisions découlant des sommets. À noter qu'au cours de cette présidence de l'UA par la Guinée, au cours de la 3e République, les ministres des Affaires étrangères étaient **SEM Makalé CAMARA** (26 décembre 2015 au 22 août 2017), puis **SEM Mamady TOURÉ** à partir du 22 avril 2017 et SEM Mme **Sidibé Fatoumata KABA**, Ambassadrice de Guinée en Éthiopie et près de l'Union africaine (UA). Personnalités qui ont joué leur partition sous les auspices du leadership du professeur Alpha Condé et dont la présidence à la tête de l'UA a connu un franc succès, de l'avis de la majeure partie des Africains, pour la fierté du peuple de Guinée.

➢ Développer également des stratégies efficaces et porteuses de promotion des cadres, des experts guinéens au niveau des institutions internationales, à tous les échelons.

- **Dans le domaine de l'environnement**

➢ Veiller à la lutte contre le réchauffement climatique, le plus souvent lié à l'activité humaine. Ceci, en prenant des mesures relatives à la lutte contre les changements climatiques, intégrés dans les Objectifs de Développement Durable (ODD), notamment le N° 13 : Action Climatique « ODD 13- Prendre des mesures d'urgence pour lutter contre les changements climatiques et leurs répercussions.

➢ Programmer de vastes campagnes de reboisement à l'orée de chaque saison pluvieuse, avec un accent particulier au niveau des sources et bordures des cours d'eau. Je suis parfaitement d'avis avec ceux qui estiment que « davantage de végétation signifie davantage de carbone piégé dans les troncs, les feuilles et racines et ne circule pas dans l'atmosphère tendant donc, à un ralentissement de l'effet de serre et un refroidissement du climat » (Lucas PACOTTE, Clothilde CHAMUSSY, La grande histoire du climat, p29, éd. Robert Laffont)

➢ Promouvoir les énergies renouvelables et continuer la réalisation et l'exploitation des ressources hydro-énergétiques, dont les immenses potentialités (6000 mégawatts d'électricité) pourraient faire de la Guinée une puissance énergétique de la sous-région Ouest-africaine, selon les experts nationaux et internationaux.

Raison pour laquelle d'ailleurs, une réunion de l'Initiative Africaine pour les Énergies Renouvelables (IAER) s'est tenue à Conakry sous l'égide du président Alpha Condé.

➢ Mettre en place des programmes efficaces dans le domaine de l'assainissement des villes et autres localités, en vue d'améliorer la situation sanitaire avec la collecte, le traitement et l'évacuation des déchets liquides solides, etc.

4-1-3- À l'intention des acteurs de la classe politique guinéenne :

Dans le contexte guinéen, il serait éminemment souhaitable que les acteurs politiques aient tous, pour principal credo, les voies et moyens nécessaires pour assurer le bien-être de tous les citoyens en élaborant le meilleur projet de société qu'il faut pour construire notre pays. Ensuite, promouvoir à chaque instant la paix, la cohésion sociale, le respect des lois en vigueur dans le pays. Ceci en privilégiant en toutes circonstances, l'intérêt supérieur de la nation guinéenne. Nous n'insisterons jamais assez sur l'impérieuse nécessité d'avoir pour tremplin en tous lieux et en toutes circonstances, la paix, rien que la paix, pour mener à bien le combat en vue d'accéder à la prospérité de la Guinée sans trop d'anicroches. Ceci étant, nous vous recommandons humblement ce qui suit.

4-1-3-1- Aux leaders des partis politiques :

➢Respecter à la lettre la Charte des partis politiques de la République de Guinée qui établit les règles relatives aux droits et obligations des formations politiques, de même que leur régime juridique ;

➢Sur ce, je suis entièrement d'avis avec l'homme politique, diplomate, écrivain et ancien ministre Monsieur Lamine Kamara (Capi) qui nous rappelle dans son ouvrage : Ethnies, Partis politiques et Cohésion nationale ; sur les chemins de la Réconciliation nationale en Guinée ; Essai édité par l'Harmattan Guinée, mai 2021 : « *les dispositions relatives à cette charte qu'il convient de réitérer : Loi organique 91/02 du Conseil Transitoire de Redressement national (CTRN) portant charte des partis politiques, en son Titre I, des dispositions générales, l'Article 3 qui invite les formations politiques à présider à l'éducation de leurs adhérents à l'exercice démocratique en cultivant :*

- *Un esprit de tolérance*
- *Le respect de l'opinion d'autrui*
- *L'ouverture et la différence*.

➢Solliciter l'adhésion des citoyens guinéens à votre parti à travers la vulgarisation de votre programme politique et votre projet de société, et non par les considérations subjectives d'ordre communautaire, religieux et/ou autre ;

➢Solliciter le suffrage des militants et des citoyens et procéder à leur éducation politique et civique ;

➢Veiller à prendre part à l'animation de la vie politique de la nation guinéenne par les moyens véritablement démocratiques et pacifiques ;

➢Sauvegarder l'unité nationale en tous lieux et en toutes circonstances, de même que la consolidation de la démocratie, du respect de la Constitution et de tous les textes de loi, de l'indépendance nationale, de la souveraineté nationale et la protection de la forme républicaine de l'État ;

➢Prôner la protection des libertés publiques et des droits de la personne humaine ;

➢Respecter scrupuleusement le principe selon lequel, aucun parti politique ne doit dans ses statuts ou dans ses actions pratiques, s'identifier à une région, à une ethnie, à un groupe linguistique, à une corporation ou à une confession religieuse ;

➢Exhorter les militants et sympathisants à la paix véritable, à la sécurité, à la retenue partout sur le territoire national, au respect des principes liés à l'ordre public, aux droits individuels et collectifs dans la mesure où, chaque citoyen est libre d'adhérer au parti politique de son choix et ne doit faire l'objet d'aucune menace ou persécution consécutive à son engagement politique.

➢Proscrire la mise en place de groupements militaires ou paramilitaires, ou une milice quelconque au sein du parti ;

➢Éviter complètement au cours des allocutions ou interventions en public, surtout des propos régionalistes, ethnocentristes, discriminatoires, sexistes, religieux, séditieux et d'incitation à la violence ;

➢Mener des campagnes électorales civilisées, dans la paix et la quiétude, gage d'une véritable démocratie apaisée dont les effets bénéfiques sur l'image du pays sont éminemment rentables en termes de destinations privilégiées pour les investisseurs de gros gabarits.

➢Veiller à toujours être aux antipodes de l'incitation à la violence, à la haine et à toute forme de dérapages verbaux, véritablement réducteurs ;

➢Sensibiliser sans relâche les militants et sympathisants sur les bonnes pratiques et vertus qui aboutiront à l'avènement d'une véritable démocratie apaisée en Guinée avec ses dividendes bien lucratifs pour la prospérité de notre pays ;

➢Utiliser les voies de recours légales pour toute contestation durant les différentes joutes électorales.

➢Encourager la participation des femmes au sein des instances décisionnaires du parti

4-1-3-2- Aux militants, sympathisants des partis politiques et aux citoyens

➢Adhérer à un parti politique en privilégiant des considérations objectives, notamment la pertinence du projet de société du leader, sa notoriété véritable, sa vision pour la Guinée, sa probité morale aussi et surtout son parcours, son patriotisme, son leadership, ses qualités intellectuelles, morales, son dynamisme et son sens du civisme.

➢Se baser toujours sur la confiance et les inspirations constructives de la Guinée d'un leader pour adhérer à un parti politique et non pour des considérations subjectives ;

➢Avoir de la retenue au cours des différentes manifestations éventuelles qui doivent demeurer pacifiques, avec la préservation absolue des biens publics et privés, le respect des droits d'autrui et s'abstenir de toute violence ;

➢Mener des campagnes pacifiques durant toutes les joutes électorales ;

➢Proposer et exposer ses bonnes idées au parti même en étant militant ou sympathisant. Ce qui pourrait contribuer à renforcer les bonnes pratiques par les militants durant les élections.

Ceci étant, les atrocités et autres agissements semblables à la destruction des biens publics, privés ; les assassinats d'adversaires politiques, à *titre d'exemple : le meurtre d'un muezzin dans une mosquée de la préfecture de Dalaba lors des élections de 2020 en Guinée, par des militants de partis adversaires ; l'assassinat de cinq gendarmes dans l'exercice de leur fonction, dans le train minier de la Société Russal à Bailo baya (Conakry), au cours des élections de 2020 ; l'agression des familles*

supposées appartenir aux partis adversaires dans des quartiers de Conakry et à l'intérieur du pays ; l'obstruction de la voie publique, des routes préfectorales et sous-préfectorales contre les autorités du pays ; le refus et l'empêchement à des leaders politiques de faire leurs campagnes dans certaines localités du pays **; les menaces de mort, les agressions physiques et verbales, les persécutions en tout genre, doivent céder la place à des campagnes électorales civilisées, apaisées, avec une culture de non-violence bien ancrée dans les mentalités de tous les militants et sympathisants des partis politiques. Ainsi, on pourrait éviter une spirale de la violence liée à des attitudes vindicatives semblables à la loi du Talion «** ***œil pour œil, dent pour dent*** **».**

4-1-4- A l'intention des acteurs des organisations de la société civile.

Les organisations de la société civile jouent un rôle important en servant d'étais aux institutions publiques pour devenir plus transparentes, beaucoup plus responsables et participatives, dans les processus de décisions et de réalisation des projets profitables à tous.

Incluant les organisations non gouvernementales (ONG), les fondations (publiques ou privées), les associations professionnelles, les syndicats ainsi que les coopératives et d'autres, nous recommandons vivement aux acteurs :

- De favoriser la solidarité, l'équité et l'utilité sociale.
- De promouvoir de manière accrue la paix durable et la cohésion sociale en Guinée en faisant pourquoi pas, feu de tout bois. Ceci avec des stratégies qui ont en commun l'humour, le rire, l'esprit de tolérance, etc. N'est-il pas besoin de prendre en compte et d'en faire un bon usage, pour le bien, la magnifique réflexion de Docteur Alhassane Chérif (l'Ethnologue clinicien guinéen) qui nous édifie sur

certaines valeurs dans son essai : « ***la parenté à plaisanterie, le Sanakouya, un atout pour le dialogue et la cohésion sociale en Guinée*** »

➢D'œuvrer à la défense des droits des personnes vulnérables de la société guinéenne, à savoir les femmes, les enfants, les jeunes, les personnes porteuses de handicaps, etc.

➢D'élaborer et mettre en œuvre des projets pertinents au bénéfice de toutes les populations.

➢De dénoncer tout manquement et proposer des solutions idoines.

➢D'œuvrer sans relâche à la sensibilisation, à l'éducation et à l'information des populations.

➢De s'impliquer dans la prévention, la gestion et la résolution des conflits ;

➢De procéder à la vulgarisation des textes de loi et autres instruments juridiques nationaux et internationaux.

➢De protéger les droits des consommateurs, des travailleurs en combattant toute forme d'injustice.

➢De collaborer de manière optimale avec les institutions internationales qui sont présentes en Guinée.

➢De servir toujours l'intérêt général au moyen d'un processus démocratique et constamment jouer un rôle de médiateur chaque fois que la nécessité s'impose entre les pouvoirs publics et les citoyens.

➢D'œuvrer avec détermination à l'amélioration des conditions de vie des citoyens guinéens en vue de permettre un développement économique durable avec notamment des actions humanitaires, l'insertion des personnes en difficulté et autres.

➢De combattre la discrimination et l'ethnocentrisme sur toutes ses formes ;

4-1-5- A L'intention des membres des forces de défense et de sécurité :

Toujours veiller :

- À la mise en œuvre des recommandations et des riches enseignements reçus lors des différentes formations concernant non seulement la défense de la patrie, mais aussi et surtout dans le cadre des opérations de maintien d'ordre et de la paix des Nations-Unies et autres ;
- Promouvoir le respect des conventions internationales et nationales en matière des droits de l'Homme ;
- Proscrire tout traitement cruel, inhumain et dégradant dans l'exercice de vos fonctions : se souvenir à chaque instant de la précieuse recommandation relative au respect des droits humains à savoir : ***« nul n'est tenu d'exécuter un ordre manifestement illégal ».***
- Toujours être en symbiose avec la population civile pour accroitre et garantir la confiance.
- Respecter scrupuleusement l'usage des armes conventionnelles dans le maintien d'ordre face à des manifestations autorisées ou non, pacifiques ou violentes en évitant à tout prix l'usage disproportionné de la force.
- Veiller à la préservation de l'intégrité physique et morale de tous les citoyens sans exclusive. Ne faire usage que d'armes dédiées au maintien d'ordre tels que les lanceurs de balles de défense, grenades de désencerclement, lacrymogènes ou assourdissantes matraques, canaux à eau, etc.

Ceci étant, notre pays pourrait considérablement améliorer son image sur les questions relatives aux droits de l'Homme au cours de l'Examen Périodique Universel (EPU).

L'EPU qui a pour objet, l'examen des réalisations opérées par l'ensemble des États membres des Nations-Unies en matière des droits de l'Homme. (CNCDH ; Rapport 2017-2021 : Les droits de l'Homme en France : Regard porté par les instances internationales : la Documentation Française 2023).

De surcroit, la paix durable pourrait être de mise en République de Guinée pour le bien de tous les citoyens.

4-1-6- A l'intention des chefs d'entreprises privées

- Respecter les droits des employés pour les inciter à donner le meilleur d'eux-mêmes ;
- Consolider la formation continue des employés ;
- Assurer la sécurité sociale à tous les niveaux.

4-1-7- A l'intention des leaders religieux

- Participer activement à l'éducation et à la moralisation de la population en tant que force morale et spirituelle dans les lieux de cultes ;
- S'impliquer activement dans la prévention, la gestion et la résolution des conflits à tous les niveaux de la nation ;
- Prendre l'heureuse initiative de dire la vérité, rien que la vérité à tous les Guinéens sans exclusive, dans le but de contribuer à un changement de mentalités ;

4-3- AU TITRE DE MES PROPOSITIONS

Je trouve qu'il n'est guère superflu, étant donné que chaque pays à ses propres réalités et ses spécificités de trouver des remèdes parfois authentiques, efficaces et efficients qui pourraient permettre de résoudre définitivement à mon humble avis, les principaux maux qui gangrènent la nation guinéenne. Maux qui constituent un véritable frein à son développement socio-économique véritable, avec une instabilité socio-politique chronique. Situation qui contribue négativement au maintien du marasme économique que vit la Guinée, en dépit de ses énormes richesses naturelles et autres.

En réalité, force est de constater qu'après plus de 65 ans que la Guinée s'est soustraite de la domination coloniale, le niveau de développement socio-économique atteint est nettement en deçà des attentes. Ceci est dû en grande partie, il faut le reconnaitre, à la courageuse décision de nos illustres devanciers à opter pour le Non à la proposition de la puissance colonisatrice lors du Referendum du 28 septembre 1958, suivi de la proclamation de l'indépendance le 02 octobre 1958. Décision courageuse qui aura de lourdes conséquences sur le décollage économique du jeune État Guinéen, avec beaucoup d'ennuis notamment, les multiples déstabilisations politiques et les douloureuses répercussions sur les relations entre les acteurs qui constituaient l'élite, voire l'intelligentsia guinéenne. Relations parfois exécrables qui ont entrainé des discordances majeures, des arrestations, des exécutions sommaires, consécutives à de multiples tentatives de renversement du régime en place durant la première République (1958-1984).

De surcroit, des tentatives avortées de déstabilisation du régime en place au cours de la 2e République (1984-2008), ont donné lieu à des faits similaires, avec violation des droits humains, des arrestations fondées ou arbitraires et des violentes répressions des manifestations populaires. Il en est de même pour les contradictions liées aux douloureux événements de janvier-février 2007 durant la 2e République et ceux du 28 septembre 2009, au stade du même nom à Conakry, qui ont fait 157 morts au cours de la Transition dirigée par le Conseil National pour le Démocratie et le développement (CNDD). À noter que l'épilogue de cette transition s'est soldé par l'organisation d'élections démocratiques, libres et transparentes, avec l'ascension du professeur Alpha Condé, Leader du RPG Arc-en-ciel à la magistrature suprême en décembre 2010. Les élections législatives qui ont été précédées de multiples manifestations violentes avec de nombreuses pertes en vies humaines parmi les manifestants et les forces de l'ordre, ont abouti à l'avènement de la 8e législature de l'Assemblée nationale où la mouvance présidentielle et l'opposition étaient au coude à coude.

Nonobstant, cette courte majorité du parti au pouvoir, les deux mandats du président professeur Alpha Condé ont été émaillés de violentes manifestations de l'opposition, avec de nombreuses victimes, du côté des militants de l'opposition et du côté des forces chargées de maintien d'ordre. Situation qui devait déboucher sur la réélection du professeur Alpha Condé pour un deuxième mandat à l'issue duquel, il a pris l'initiative de l'élaboration d'une nouvelle Constitution soumise à Referendum le 22 mars 2020. Texte qui a recueilli 91,59 % de Oui et 8,41 % de Non. À noter que l'initiative et la campagne pour ce referendum constitutionnel ont été émaillées de violences qui ont enregistré des dizaines de morts, suite à des affrontements meurtriers du côté des militants de l'opposition, du parti au pouvoir dans les fiefs de l'opposition et du côté des forces de l'ordre. Fort heureusement, l'accalmie a pris le dessus par la suite. Puis, le 18 octobre 2020, la majorité des Guinéens a opté pour la réélection du Professeur Alpha Condé pour un nouveau mandat de six ans. Mandat qui fut écourté par le renversement du régime le dimanche 5 septembre 2021 par, une unité d'élite de l'armée dénommée Groupement des forces spéciales. Le pays connait ainsi sa troisième transition depuis l'indépendance avec ses corollaires.

De tout ce qui précède, tout porte à croire que de 1958 à nos jours, l'histoire politique de la République de Guinée indépendante a connu assez de périodes tumultueuses, dues aux multiples contradictions entre les différents acteurs politiques et sociaux et aussi, pour des raisons fondées ou non, l'avènement des militaires au pouvoir à trois reprises.

Force est de reconnaitre que les instabilités politiques et sociales dues à des contradictions tenaces entre les différents acteurs politiques et sociaux, avec des manifestations violentes, entraînant des pertes en vies humaines de deux bords (manifestants et agents de forces de l'ordre) et les changements anticonstitutionnels de régime à travers des coups d'État à trois reprises et bien d'autres situations conflictuelles des premières, deuxième, troisième, quatrième République n'augurent nullement un environnement enclin à une paix durable.

Un véritable « cocktail » dont les « ingrédients » ne peuvent aboutir qu'à un risque d'implosion sociale et politique quasi constant, avec le fameux syndrome « ni, ni » « ni paix ni guerre », ayant les mêmes effets néfastes que les conflits armés en termes de retard sur le développement économique de notre pays. Avec bien sûr, un sentiment regrettable « d'un pas en avant, dix pas en arrière » au détriment du peuple de Guinée.

C'est pourquoi, à mon humble avis, il serait souhaitable et urgent de faire feu de tout bois pour que le climat politique et social reflète une paix durable. Condition sine qua non d'un développement socio-économique harmonieux et équilibré de notre cher pays, la Guinée. Étant un pays potentiellement riche, cette denrée précieuse qui n'est autre que la paix durable, étayée par un État de droit, des institutions fortes, une véritable démocratie, un système juridique fiable avec des ressources humaines de qualité, si elle est de mise, la prospérité de la Guinée serait à porter de main sans ambages.

Il n'est nullement superflu de le réitérer : voir la Guinée devenir un pays émergent à brève échéance, nécessite irréfutablement l'instauration avant tout d'une paix durable, une bonne gouvernance, une véritable démocratie, un État de droit avec la liberté d'expression et la préservation de toutes les libertés fondamentales et l'élaboration d'un programme de développement bien efficace.

Pour y parvenir, il faut que tous les acteurs sus-cités auxquels j'ai fait allusion dans ce présent ouvrage, acceptent de faire violence sur eux-mêmes et privilégier l'intérêt supérieur de la nation guinéenne. Ceci étant, les égos surdimensionnés pourraient facilement céder la place à une cohésion sociale et politique forte, bref, une unité dans la diversité comme en 2010, avec le Forum des Forces Vives de Guinée, qui réunissaient la classe politique et le mouvement social dont la lutte a pu faire florès, ne serait-ce que l'adoption d'une nouvelle Constitution, d'un nouveau code électoral, l'organisation d'une élection démocratique et le retour à l'ordre constitutionnel en 2010.

C'est pourquoi, je me fais le devoir après moult réflexions face à cette situation regrettable d'instabilité politique et sociale chronique de notre pays, de **proposer deux remèdes principaux** qui ne sont que des tribunes et/ou plateformes, où les principaux leaders ou acteurs majeurs, investis du quotient d'une frange de la population guinéenne se retrouvent en permanence, se parlent franchement, dialoguent, dans le seul but de trouver les solutions idoines pour aplanir les divergences chaque fois que la nécessité s'impose, en mettant l'intérêt de la nation guinéenne au-dessus des intérêts personnels, de même que leurs formations politiques et sociales.

Une plateforme qui pourrait permettre de sauvegarder les acquis démocratiques en trouvant les voies et moyens pour éradiquer complètement toutes actions incongrues en Guinée. Situation qui risque d'engendrer un qualificatif de pays à haut risque sur le plan sécuritaire et une destination déconseillée pour les investisseurs d'envergure ; un net déclin de l'apport des capitaux étrangers directs, ceci au détriment du développement économique de notre pays.

Or, j'estime tout simplement que cet état de fait n'est guère une fatalité, si nous parvenons à créer des tribunes permettant de se côtoyer, d'échanger, de dialoguer, de sensibiliser en matière de bonnes pratiques, de régler tous les différends au bénéfice de la

paix durable dans le pays. C'est pour toutes ces raisons, que je propose la mise en place de **deux nouvelles institutions républicaines** en Guinée qui auront pour mission, de tenter de résoudre ces deux graves problèmes qui endiguent la marche rapide de la Guinée vers la position pourtant possible de pays émergent, avec une nette amélioration des conditions de vie de tous les Guinéens sans exclusion. À mon humble avis, ces deux institutions républicaines spécifiques à la Guinée sont nécessaires, compte tenu de nos tristes réalités.

4-2-1- La mise en place du Haut Conseil pour la Paix durable et la Prospérité de la Guinée (HC-PD-PG)

Il s'agit en quelque sorte d'une Institution républicaine dont la mission sera de fédérer toutes les forces vives de la nation à travers une tribune où siégeront des hautes personnalités politiques sociales, religieuses et autres. Pour ainsi dire, créer une institution dont la mission principale sera de trouver les voies et moyens pour l'instauration d'une paix durable en République de Guinée, par la voie du dialogue, avec une collaboration effective de la gent féminine et de la jeunesse.

Les principaux acteurs de cette nouvelle institution républicaine seront les **leaders** des principales formations politiques de la Guinée, **les présidents ou responsables** des coalitions politiques, **les responsables du mouvement et/ou des forces sociales**, **les leaders des principales confessions religieuses**, les **anciens présidents de la République** de Guinée, **les anciens présidents de l'Assemblée nationale**, de même que les autres institutions républicaines, les anciens Premiers ministres, les coordinations régionales et des personnes ressources bien expérimentées, les femmes et les jeunes leaders, etc.

Étant entendu que nous ne faisons que donner l'esquisse de cette architecture dont la réalisation sera du ressort des autorités du pays. Ceci à travers l'octroi au projet d'un fondement juridique approprié à l'instar de bien d'autres institutions républicaines en Guinée et ailleurs à travers le monde. Pratiquement, les différents acteurs impliqués dans cette dynamique auront pour modus operandi :

4-2-1-1- L'unité dans la diversité, au bénéfice de l'intérêt supérieur de la nation guinéenne : « *LA GUINÉE AVANT TOUT, AU-DESSUS DE TOUT, POUR LE BIEN-ETRE DE TOUS.* »

Les personnalités politiques, sociales, religieuses et autres personnes ressources n'agiront que dans l'intérêt de la Guinée, à travers des débats fructueux et des recommandations pertinentes en faveur du chef de l'État, Président de la République en fonction, de même que le gouvernement et bien d'autres institutions.

À préciser qu'il n'y aura ni opposition ni mouvance présidentielle, il n'y aura que des recommandations en faveur du bien-être du glorieux peuple de Guinée au sein de cette institution.

4-2-1-2- Un cadre de dialogue permanent

Les acteurs présents auront le dialogue et la sincérité envers la Guinée comme tremplin : dans la prévention, la gestion et la résolution de tout conflit dans notre pays. Ceci, dans le but d'éviter à tout prix que les discordances à l'état embryonnaires ou larvés ne progressent, s'intensifient et dégénèrent avec les conséquences fâcheuses, dommageables à tous les Guinéens.

Il y a fort à parier que tout différend en Guinée et toute crise aussi épineuse qu'elle soit, peuvent être résolus grâce à Dieu, grâce aux efforts conjugués de cette intelligentsia totalement acquise aux idéaux de paix, de cohésion sociale, de prospérité de la Guinée pour l'intérêt supérieur de la nation. Ce serait une véritable bouffée d'oxygène pour le président et le gouvernement en fonction qui pourront effectuer la mise en œuvre de leur projet de société sans trop de tensions sociales et politiques. Si toutefois, la sincérité et le patriotisme sont de mise en toutes saisons. Et mon souhait le plus ardent pour le bien de tous.

4-2-1-3- La promotion de la paix, de la cohésion sociale et du respect des valeurs de la République.

Cette institution républicaine qui regorge en son sein, de personnalités morales, dont la notoriété est sans équivoque, seront mieux à même, par le biais de la sensibilisation, de l'information et de l'éducation, de continuer à œuvrer inlassablement pour le renforcement du tissu social, l'avènement d'une démocratie apaisée, les acteurs politiques de toutes obédiences confondues, étant en parfaite synergie d'actions en ce qui concerne la paix et la quiétude sociale dans le pays.

Ceci étant, ils auront tous pour rôle de mieux procéder à l'éducation politique de leurs militants et sympathisants. Actions qui pourraient aboutir à la réduction considérable, voire l'éradication des violences pré et post-électorales par exemple, ou de toute autre forme de conflit au sein de la société guinéenne. **En plus, le respect des valeurs républicaines tels que la citoyenneté, la laïcité, la culture de la paix, l'engagement, la lutte contre toute forme de discrimination et de délinquance en tout genre, l'amour réel pour la patrie, la sincérité, l'honnêteté, etc., pourraient être une réalité palpable pour le bien-être du glorieux peuple de Guinée.**

4-2-1-4- La promotion d'une démocratie apaisée et de la bonne gouvernance

Le simple fait de l'existence d'une tribune propice à la réduction d'un certain cloisonnement (parfois exacerbé par de vives tensions entre les acteurs de la classe politique) pourrait contribuer au ramollissement des positions rigides, des antagonismes liés aux intérêts divergents, voire des rivalités parfois meurtrières, notamment au cours des différentes joutes électorales et autres.

Nous pouvons enfin parvenir à des manifestations réellement pacifiques, des campagnes électorales apaisées et civilisées. De ce fait, cette **unité dans la diversité** pourrait aussi déboucher sur des cohabitations pacifiques en cas d'élections, avec des résultats serrés entre les différents candidats et pourquoi pas, la mise en place fréquente de gouvernements de large ouverture, dans le souci constant d'apaisement, éminemment profitable au pays en termes de destinations privilégiées pour les investisseurs.

Une telle situation étayée, d'une bonne gouvernance sans faille, ne pourrait que voir la Guinée gratifier de certains privilèges pas des moindres comme l'éligibilité au Millénium Challenge des États-Unis d'Amérique et bien d'autres opportunités. Programme qui représente une importante manne financière de centaines de millions de dollars US pour des États bénéficiaires et bien d'autres avantages liés à la stabilité du pays.

4-2-2- La mise en place du Conseil National pour la Sauvegarde des Acquis Démocratiques et Républicains (CO-NA-SA-DRE)

En véritable sentinelle de la démocratie, cette autre nouvelle institution républicaine aura pour mission principale, la mise en place des mécanismes pertinents permettant de prévenir toute forme de fragilisation des institutions légalement mises en place, en conformité avec les lois nationales. Comme pour paraphraser l'ancien Président des États-Unis d'Amérique Barack OBAMA lors de son passage devant les parlementaires ghanéens le 11 juillet 2009 : « **l'Afrique n'a pas besoin d'hommes forts, mais d'institutions fortes** ».

Pour réussir cette délicate mission de sauvetage de notre pays, les acteurs les mieux indiqués pourraient être des **personnalités civiles** et **militaires**, de préférence à la retraite, donc, expérimentées, patriotes, crédibles, bien formées en termes de respect des principes démocratiques et des valeurs républicaines.

Il serait souhaitable que les différents acteurs, de même que les personnalités civiles et militaires impliquées aient pour modus operandi :

4-2-2-1- Une participation accrue au vaste programme relatif au processus de réforme des forces de défense et de sécurité

La nécessité d'une telle action s'impose dans le but de continuer à former, à sensibiliser et à informer les membres des forces de défense et de sécurité sur leur rôle régalien ; qui est la défense de **l'intégrité territoriale et de la protection de la population civile**. Ceci en parfaite synergie d'action avec les autorités du pays et les institutions internationales qui accompagnent la Guinée dans ce domaine.

4-2-2-2- La mise en œuvre des projets pertinents : surtout ceux relatifs au respect de la légalité constitutionnelle dans le pays, la prévention des conflits, la construction et la consolidation d'un État de droit.

Murir la réflexion surtout dans le cadre de la promotion et du respect scrupuleux des principes démocratiques, des droits humains, de l'État de droit et la formation continue des membres des forces de défense et de sécurité. Projet visant à contribuer à l'enracinement de l'esprit républicain et toutes ses pratiques vertueuses, qui pourraient faire de la Guinée, un pays stable, où il fait bon vivre.

4-2-2-3- La participation accrue à la formation et à la sensibilisation des acteurs concernés

En prônant l'utilisation des armes conventionnelles par les forces de défense et de sécurité dans les opérations de maintien d'ordre au cours des manifestations autorisées ou non, avec très peu ou pas de dégâts collatéraux, voire des pertes en vies humaines. Aussi, l'arrêt total de tout traitement cruel, inhumain et dégradant à l'encontre des citoyens guinéens et autres, pour quelques motifs que ce soit. Exhorter au strict respect des règles édictées par le Code de procédure pénale, avec le respect des droits de tous les citoyens y compris ceux en conflit avec la loi.

4-2-2-4- Le renforcement de la coopération avec certains modèles

Il s'agit principalement d'échanges d'expériences avec les pays surtout africains, où le respect de la légalité constitutionnelle n'a jamais été soumise à rude épreuve, ou bien des pays ayant définitivement mis un terme aux errements d'antan. Pays où le respect des principes démocratiques, d'alternance et de passage pacifique du pouvoir a pris nettement et irréversiblement le dessus. La capitalisation de ces acquis démocratiques est d'une nécessité impérieuse pour notre pays, si le rêve d'un développement socio-économique longtemps caressé par les Guinéens et Guinéennes doit être une réalité tangible. Pour le moment, il serait éminemment souhaitable de rompre avec ces périodes d'exception répétitives qui sont réductrices pour l'avancée significative du développement socio-économique de la Guinée, nonobstant toutes ses richesses naturelles énormes.

CONCLUSION

Continuer à apporter ma petite pierre à l'édification nationale et en faveur de notre cher pays, la Guinée, tel est mon souhait le plus ardent. Oui, à l'instar de bien de Guinéennes et de Guinéens, épris de paix, de justice, de démocratie, de droits humains et de développement socio-économique de notre nation.

En ce qui concerne le cas spécifique de la Guinée, le lecteur de cet ouvrage fait le constat du contraste saisissant entre les faramineuses potentialités naturelles du pays par la grâce divine et le niveau actuel de développement réalisé, nettement en deçà de nos attentes. En témoigne un exemple parmi tant d'autres qui retient mon attention et me déconcerte souvent à savoir : celui relatif au fait que, faute de stades homologués par la Confédération Africaine de Football (CAF), et la Fédération internationale de football association (FIFA), la Guinée joue tous ses matchs de football de haute compétition dans d'autres pays. Actuellement, c'est la Côte d'Ivoire, mieux dotée en infrastructures sportives, qui nous sert de rempart. Pourtant, un pays indépendant deux ans après nous. Quel recul ! Triste réalité due en grande partie, aux récurrentes et multiples situations conflictuelles et leurs corollaires d'instabilité socio-politique chronique qui n'ont cessé d'endiguer son plein essor sur le plan économique. Retard qui ne devait nullement être le cas, fort de la générosité divine à l'égard de notre pays, qui représente un puissant étai et de gros avantages par rapport à d'autres pays défavorisés par la nature.

Loin d'être une fatalité, nous convenons alors qu'une Guinée émergente, prospère et développée pour le bien-être de ses filles et fils, passe à notre humble avis, par la conjonction d'un faisceau d'ingrédients, dont la paix durable constitue le plus beau fleuron.

C'est pourquoi, je suis totalement d'avis avec ceux qui estiment qu'il est évident que les différentes périodes tumultueuses qui ont marqué l'histoire, parfois très douloureuse de notre pays, de l'indépendance le 2 octobre 1958 à nos jours, ont été un lourd handicap dans l'atteinte des résultats escomptés en matière de développement socio-économique tant ambitionné par les populations. Toutefois, y remédier, implique un tremplin avec des solutions idoines comme remèdes efficaces contre ce marasme économique qui n'a que trop duré. Situation regrettable qui frise même l'avilissement, tant nous avons bénéficié de la générosité du Bon Dieu par rapport à d'autres pays défavorisés par la nature. Pays qui, malgré leurs escarcelles moins pourvues en ressources naturelles par rapport à nous, ont réussi à adopter des stratégies et politiques de développement éminemment avantageuses pour leurs nations. Raison pour laquelle, la nécessité impérieuse d'exhorter les Guinéens à revoir notre copie, à faire feu de tout bois, pour que le développement socio-économique et harmonieux souhaité du pays soit effectif. Ceci avec tout l'arsenal thérapeutique approprié pour y parvenir dans les plus brefs délais, grâce à une accélération de la croissance économique, car « ***à cœur vaillant, rien n'est impossible*** », dit-on. Surtout avec les innombrables atouts dont dispose notre pays. (I) les ressources minières : la bauxite (de loin les plus grandes réserves au monde qui s'élèvent à quelque 7,4 milliards de tonnes sèches en 2023) (publié par Statista Recherche Département, avril 2024) ; Fer : 20 milliards de tonnes avec une teneur de plus de 60 % ; l'Or : 700 tonnes prouvées ; le Diamant, estimé à 30 millions de carats ; Minéraux et métaux de base : 40 millions de tonnes de calcaire et 75.000 tonnes de cuivre, de plomb, de zinc, de cobalt, de manganèse et le nickel, etc. (II) les terres fertiles propices à l'agriculture (13,7 millions d'hectares de terres arables) ; (III) les cours d'eau avec un grand potentiel hydro-électrique estimé à plus 6.000 mégawatts ; (V) la façade maritime sur l'océan Atlantique de 300 km, etc.

Nous pensons qu'avec un bon capital humain, étayé par de meilleures mentalités et un patriotisme sans faille, une économie guinéenne au creux de la vague ne serait plus qu'un lointain souvenir.

Ainsi, pour nous permettre tous d'être de vertueux serviteurs de la République de Guinée, nous avons jugé utile de rappeler dans cet ouvrage, les définitions de certains concepts clés, la promotion de la paix durable, de l'État de droit, de la nécessité d'opter pour la démocratie et ses sacro-saints principes comme régime politique, avec des exemples de réussite en Afrique et dans le monde.

Aussi, nous avons estimé que la rédaction de cet ouvrage aurait un goût d'inachevé si des recommandations et propositions concrètes émanant de nous, n'étaient pas mises à la disposition de la collectivité. Ceci, dans le seul et unique but de participer activement à la dynamique vertueuse qui pourrait mener à bien, tout le peuple de Guinée vers des lendemains meilleurs, suite à un développement socio-économique harmonieux et irréversible.

Recommandations et propositions qui pourraient, à notre humble avis, contribuer efficacement à l'instauration d'une paix durable, de même que la stabilité des institutions de la République de Guinée.

En pareilles circonstances, la République de Guinée, Nation forte et influente sur l'échiquier africain et international, ne pourrait qu'être qu'une réalité tangible. Nous aurons ainsi mis un terme à cette fâcheuse impression de subir le courroux du fameux SUPPLICE DE TANTALE, à savoir : « **désirer quelque chose à porter de main et ne pas pouvoir en bénéficier** ».

Dans le contexte guinéen : **« avoir tout à notre disposition pour devenir un pays développé, mais toujours croupir dans le marasme économique et ses corollaires ».**

De tout ce qui précède, pour l'amour de notre créateur et de la République de Guinée, dès à présent, arrêtons la violente spirale, ayons tous les meilleurs reflexes, amorçons ensemble un cercle vertueux d'apaisement définitif, puis, baignons-nous dans les eaux de l'avenir radieux d'une Guinée paisible et prospère pour tous ses dignes fils et filles. Ceci, dans la mesure où d'après Marie Claire et Joseph TRIPONEZ dans leur ouvrage : Neuf lois universelles pour vivre en harmonie avec les forces de la nature, paru aux éditions Globe Contact en suisse en 2001 : « la loi de la responsabilité personnelle nous indique que nous devons avoir la possibilité de choisir nos comportements. » Ils poursuivent également, selon la loi de la maturité émotionnelle : « ne pas rester bloqué dans un sentiment négatif et à prendre la responsabilité de nos humeurs. »

Que Dieu bénisse la Guinée et les Guinéens. Amine !

NOTICE BIOGRAPHIQUE

Née à Kankan en 1965 et originaire de Porédaka dans la préfecture de Mamou en République de Guinée, Dre Zalikatou Diallo, Médecin de formation et femme politique, a occupé les fonctions de 1ere Vice-présidente de l'Assemblée nationale (9e législature) ; ministre de la Citoyenneté et de l'Unité nationale en charge des Droits de l'Homme ; députée au Parlement panafricain, Membre du Réseau des Parlementaires Africains et Européens sur la population et le développement ; Secrétaire générale du Forum des Femmes Parlementaires de Guinée (FOFPAG), Présidente du Réseau des Parlementaires Guinéens sur la nutrition (VIH-SIDA), la vaccination, la tuberculose et le paludisme (REPAGUI-NVTP) (8e Législature) Vice-présidente du Réseau des Parlementaires guinéens sur le Développement durable (REPAGUIDD) (9e Législature)

Dr Zalikatou Diallo a exercé dans les centres hospitaliers de la Guinée et aussi professeur d'endocrinologie et maladies métaboliques, à la Faculté des Sciences médicales de l'Université Kofi Annan de Conakry.

Sur le plan politique, elle est membre du Bureau politique national du Rassemblement du peuple de Guinée RPG Arc en ciel (RPG-AEC) et a été tête de liste du parti aux élections législatives de 2020. Très active dans la vie associative, elle fut dirigeante sportive, notamment 1ere Vice-présidente de la Fédération Guinéenne de Football, Commissaire de la (FEGUIFOOT), de la Confédération Africaine de Football (CAF) et de la Fédération internationale de football association (FIFA), Membre de la Commission Femmes et sports du Comité national olympique et sportifs Guinéennes (CONOSG).

Elle est actuellement Présidente de la Coalition des Femmes parlementaires et Actrices pour la Paix, les Droits et le Développement de la Guinée (COFEPAD-GUINEE), Secrétaire général de African Women Leader Network (AWLN) Chapitre Guinée ; Membre du réseau des femmes africains, ministres et parlementaires (REFAMP). Elle est conseillère politique de l'ONG internationale : la DIASPORA AFRICAINE EN EUROPE.

Après les études de médecine, elle a suivi des formations en Informatique à Tripoli en Libye, en anglais au Nigeria et aux États-Unis d'Amérique, en gestion axée sur les résultats à Accra, au Ghana, en capture des dividendes démographiques à Nairobi, au Kenya, en paix et sécurité avec le Parlement panafricain en Afrique du Sud. Dre Zalikatou Diallo a dirigé plusieurs missions d'observations électorales en Afrique : Algérie, RDC, Sénégal, Mauritanie avec l'Union africaine, la Diaspora Africaine en Europe et le Groupe AGIR Europe Afrique

Elle est lauréate des prix du meilleur investissement politique féminin en 2013 et de la meilleure dirigeante sportive en 2012 au cours des 8e et 9e Nuit de l'Excellence de la Femme Guinéenne, émanant du groupe Gnouma Communication. Elle a obtenu plusieurs satisfécits dans ces différents domaines d'intervention.

Elle est co-auteure de la loi sur la parité en Guinée, co-auteure d'un ouvrage sur l'art culinaire à Tripoli, en Libye, co-auteur de l'essai « **Femme de Guinée, osons et ôtons les œillères** » édité par l'Harmattan en 2021 ; auteure de l'ouvrage, « **Ce jour où nous fûmes excisées : stoppons les mutilations génitales féminines** » édité par Mamou édition en 2024, et plusieurs autres ouvrages en chantier.

BIBLIOGRAPHIE

1- **Bembello AD**. (2006). Quels sont les rôles et les responsabilités des femmes dans la gouvernance et la prévention des conflits en Afrique de l'Ouest ; Atelier de travail organisé par le Club du Sahel et de l'Afrique de l'Ouest, OCDE, Niamey.

2- **BUGAIN, Jeannine.** (1988), La problématique du rôle des femmes dans le développement en Afrique ; l'implication du CIFAD. Edition Revue recherches féministes, volume 1 numéro 2

3- **BALLINGTON, Julie.** (2011). Promouvoir le rôle des femmes pour renforcer les partis politiques, éd PNUD-NDI

4- **BAH, Falilou- DIALLO, Boubacar.** (2022). La politique étrangère de la République de Guinée de 1958 à nos jours, Edition Harmattan Guinée

5- **Commission consultative des droits de l'homme.** (2022). Les droits de l'Homme en France ; Regards portés sur les instances internationales. CNC-DH République Française, '' La documentation française''.

6- **COMIDIS, Raphael- JUAN, Gilles- KUCHLY, Christophe- MOMONT, Julien**. (2023). Les cahiers du Football, Edition Solar

7- **COTULA, Lorenzo.** (2007). Droit et genre, Bureau juridique de la FAD, Rev-1

8- **Club des Citoyens des A.**I.L. (2017-2018). La femme dans nos sociétés ; Synthèse des travaux scolaires

9- **Constitution guinéenne du 22 mars 2022**

10- **CHERIF, Alhassane.** (2014). La Parenté à plaisanterie : le Sanakouya : Un atout pour le dialogue et la Cohésion sociale en Guinée, Harmattan Guinée.

11- **Code civil** révisé de la République de Guinée

12- **Code de procédure pénal de la Guinée**

13- **Code pénal guinéen**

14- **Commissariat général aux réfugiés et aux apatrides.** (2014). La mutilation génitale en Guinée. Edition Cedoca

15- **DIALLO, Zalikatou – DIABY, S. Bakary. (2022**). Femmes de Guinée, osons et ôtons les œillères, édition Harmattan Guinée.

16- Dictionnaire le Robert.com (2024)

17- **Dictionnaire politique** « Toupictionnaire » (2024)

18- **DIALLO, Zalikatou.** (2024). Ce jour où nous fûmes excisées « Stoppons la mutilation génitale féminine », Récit, Edition Mamou

19- Encyclopédie de Diderot et d'Alembert (…..). 6e édition en partenariat avec ARTFL

20- **HALIMI, Gisèle.** (2022). La cause des femmes. Folio.site.K

21- **GUY, Harmet - BADIE, Bertrand – BIRNBAUM, Pierre – BAUD, Phillippe** (2010). Dictionnaire de la science politique et les institutions politiques, 8e édition, Armand Colin.

22- **KAMARA, Lamine.** (2021) Ethnie, Partis politiques et cohésion nationale : Sur les chemins de le Réconciliation nationale en Guinée, Essai, l'Harmattan Guinée,

23- **LEBRETON, Gilles.** (2008) Liberté publiques et droits de l'homme, 5e édition, Armand Colin.

24- **Marie Claire et Joseph Triponez.** 9 lois universelles pour vivre en harmonie avec les forces de la nature (2001). Éditions Globe Contact, Suisse.

25- **Ministère du plan- Ministère de la coopération-ONU** (2018). Contribution National volontaire à la mise en œuvre des ODD au Forum Politique de haut niveau. New-York

26- **Ministère du plan** (2018). Contribution nationale volontaire à la mise en œuvre des ODD au Forum Politique de haut niveau. New-York

27- **Ministère des Affaires sociales, de la promotion féminine et de l'enfance** (2013). Rapport national sur l'élimination et la prévention des violences à l'égard des femmes/filles

28- **MOURGEON, Jacques- THERON, Jean Pierre**. (1979). Les libertés publiques, PUF, Mementos Thermis.

29- **Ministère de l'Unité nationale et de la citoyenneté. (2017).** Le citoyen est la construction de la nation. Livret du citoyen. Semaine Nationale de la Citoyenneté et de la Paix (SENACIP) ; 2e édition.

30- **Nations Unies, Droits de l'homme, Haut-Commissariat.**

31- **ONU-Femmes.** (2021). Promouvoir la participation des femmes à la vie politique : des quotas à la parité. En partenariat avec le Canada.

32- **ONU-Femmes. (2013).** Démocratie et égalité des sexes : le rôle de l'ONU sous la direction de Massimo Tommasoli. Edition IDEA

33- **PACOTTE, Lucas – CHAMUSSY, Clothilde.** (2024). La grande histoire de climat ; comment les humains s'adaptent depuis 3 millions d'années. Edition Robert Laffont.

34- **Petit Larousse. Edition 2016**

35- **RFI-FIDH-OGDH** (2018) : Une histoire plurielle des violences politiques en Guinée. Edition FIDH

36- **RIVERO, Jean- MOUTOUH, Hugues** (2003). Les libertés publiques. Les Droits de l'homme. Tome 1, Jean Rivero. Edition PUF

37- **Service pour la promotion de l'égalité entre hommes et femmes de Genève, SSPE. (2022).** La représentation des femmes en politique données par pays.

38- **TRAORE, Mamady**. (2021). Présidence guinéenne du Conseil de sécurité de l'ONU, édition l'Harmattan Guinée

39- **THIAM, Mohamed Aly**. (2017). L'expérience parlementaire guinéenne. Edition l'Harmattan Guinée.

40- **Union africaine.** (2015) Agenda 2060. L'Afrique que nous voulons 03, Editions version populaire.

41- **Union interparlementaire pour la démocratie pour tous (…..)**

42- **Statista Recherch Departement, 9 avril 20**

TABLE DES MATIÈRES

Structures éditoriales du groupe L'Harmattan

L'Harmattan Italie
Via degli Artisti, 15
10124 Torino
harmattan.italia@gmail.com

L'Harmattan Hongrie
Kossuth l. u. 14-16.
1053 Budapest
harmattan@harmattan.hu

L'Harmattan Sénégal
10 VDN SICAP AMITIE 3
BP 45034 Dakar-Fann
direction@senharmattan.com

L'Harmattan Cameroun
Tsinga/Derrière polyclinique FECAFOOT
BP 11486 Yaoundé
Jacques.koukam@harmattan.fr

L'Harmattan Burkina Faso
Villa 281, secteur 23 623, rue 14.32
Ouagadougou
zagbie@outlook.fr

L'Harmattan Guinée
Almamya, rue KA 028 OKB Agency
BP 3470 Conakry
harmattanguinee@yahoo.fr

L'Harmattan RDC
185, avenue Nyangwe
Commune de Lingwala – Kinshasa
matangilamusadila@yahoo.fr

L'Harmattan Congo
219, avenue Nelson Mandela
BP 2874 Brazzaville
deunovmikhael@gmail.com

L'Harmattan Mali
Immeuble Mgr Jean Marie Cissé
Aci Hamadallaye
BP 145 Bamako
syllaka@yahoo.fr

L'Harmattan Togo
Djidjole – Maison Amela
face EPP BATOME
02 BP 20680 Lomé
didieramela11@gmail.com

L'Harmattan Côte d'Ivoire
Résidence Karl – Cité des Arts
Abidjan-Cocody
03 BP 1588 Abidjan
harmattan.ivoire@gmail.com

L'Harmattan Bénin
Rue 604, (Immeuble à l'entrée
de la rue UCAO- Cite de Saint-Jean)
Cotonou
stepcorpus@gmail.com

Nos librairies en France

Librairie internationale
16, rue des Écoles
75005 Paris
librairie.internationale@harmattan.fr
01 40 46 79 11
www.librairieharmattan.com

Librairie des savoirs
21, rue des Écoles
75005 Paris
librairie.sh@harmattan.fr
01 46 34 13 71
www.librairieharmattansh.com

www.ingramcontent.com/pod-product-compliance
Lightning Source LLC
LaVergne TN
LVHW051354061026
849535LV00009B/3186

9782336521145